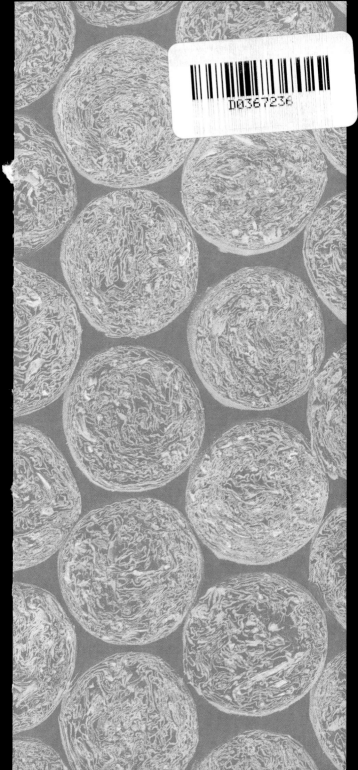

D0367236

CIGAR AFICIONADO'S

BUYING GUIDE TO

CUBAN

CIGARS

M. Shanken Communications, Inc.
New York

Published by
M. Shanken Communications, Inc.
387 Park Avenue South
New York, New York 10016

ISBN 1-881659-30-5

Copyright 1995 by M. Shanken Communications, Inc. All rights
reserved.

No part of this publication may be reproduced, stored in a
retrieval system, or transmitted in any form or by any means
(electronic, mechanical, photocopying, recording or otherwise),
without the prior permission of the copyright owner.

Cover photograph by Dan Wagner

Manufactured in the United States of America

TABLE OF CONTENTS

INTRODUCTION

This BUYING GUIDE TO CUBAN CIGARS has been created especially for cigar connoisseurs.

Cigar lovers around the world appreciate the allure of Cuban cigars. Although excellent cigars are manufactured in other countries today, Cuba's legendary tobacco demands attention and respect, and the enjoyment of a great handrolled Habanos remains a peak experience for anyone who loves a good smoke.

Cigar Aficionado magazine has rated every major Cuban brand, and nearly every size. In these pages, you'll find our ratings and tasting notes.

We also have put together a comprehensive list of cigar stores in the Havana area. You'll find addresses and phone numbers for every shop with a significant inventory. There are also selected recommendations for hotels and restaurants.

There's nothing quite like walking down a street in Old Havana smoking one of Cuba's great benchmark cigars. It's the pinnacle of cigar-smoking pleasure. Better yet, there's the knowledge that around the next corner, there's another factory or shop waiting to provide yet another great cigar.

Marvin R. Shanken
Editor & Publisher
Cigar Aficionado

CHAPTER 1

CUBA, HAVANA AND CIGARS

HISTORY

No one knows for sure when the native inhabitants of Cuba first began cultivating tobacco and curing and rolling the plant's broad leaves into cigars. What we do know is that the custom predates Christopher Columbus's fateful voyage west in search of a sea route to India and the lucrative trading centers of the Far East. On October 29, 1492, when Columbus first dropped anchor in the Bahía de Gibara, he discovered not only what would later become the Jewel of the Caribbean (Cuba), but also native men and women smoking a crude form of what would one day be renowned worldwide as Havanas.

Thanks to Columbus, tobacco and cigars soon became the rage in far-off Spain. In fact, their popularity quickly led to a ban on production of cigars in Cuba. By royal decree, all tobacco grown on the island was sent to the Real Factoria in Seville for manufacture, effectively robbing the Cubanos of their birthright for nearly three centuries. (The Spanish are believed to have developed the construction methods and cigar shapes that are still common today.) It wasn't until around 1800 that Cubans regained the right to make cigars. Havana's first factory of any importance was Hija de Cabanas y Carvajal, founded in 1810. Others quickly followed, and by 1855 there were over 1,000 factories on the island, making nearly 360 million cigars a year.

The mid-19th century was the golden age of Cuban cigars. Many of the world's greatest cigar brands, including Romeo y Julieta, H. Upmann, Montecristo and Partagas (to name just a few) date from that time. Known for their rich, full-flavored tobaccos and the high quality of their craftsmanship, Havanas (or Habanos, as they are now called) became prized throughout Europe and the United States.

Trade wars, recessions, and political and social turmoil soon took their toll. By the turn of the century, there were as few as 120 cigar factories left in Cuba, and much of the tobacco crop was being exported to producers in the United States and Europe. The situation continued to deteriorate through the early decades of the 20th century. It wasn't until World War II that the industry began to revive.

The successful 1959 Cuban Revolution led to a decline in the island's tobacco production and cigar-making. Land and factory

JAMES SUCKLING

At work on a tobacco plantation.

4

expropriations devastated production, and many of the greatest makers of fine tobaccos and handcrafted cigars fled the country. Cigar industry exiles, including such renowned names as the Palicio, Cifuentes, and Menendez families, took with them invaluable expertise and experience. By 1962, the year the U.S. imposed a trade embargo on all Cuban products, cigar exports had fallen dramatically.

JON WYAND

A skilled cigar roller at the Partagas factory.

From that time through the mid-1980s, the Cuban cigar industry was in great flux. A skilled labor shortage, natural disasters, poor crops and questionable business decisions all played a role. Though the market for Havanas remained relatively strong, the U.S. embargo and growing competition from cigar manufacturers in the Dominican Republic, Central America and other countries took their toll on the Cuban industry.

Cuban cigar makers are comforted knowing that tobacco quality is one of their real advantages. In recent years, great strides have been made in keeping standards high and consistent. This is particularly true in Cuba's famed tobacco growing regions, where standards today are among the highest anywhere in the world.

Though there are a dozen or so tobacco growing areas in Cuba, by far the most important is Vuelta Abajo in Pinar del Rio province. Here, climate, rainfall and soil conditions are perfect for tobacco production. Over 100,000 acres in Vuelta Abajo are now planted to tobacco, and new fields are under development. The Semivuelta area, the other important tobacco growing region in Pinar del Rio, is known for its thicker, fuller-flavored leaves. The Partido area in Havana province is also considered a top-quality growing region. Most of Cuba's other tobacco areas, including the Oriente and Remedios regions, produce tobaccos not really suited for top-quality cigars.

Today, six Havana factories—H. Upmann, Partagas, Romeo y Julieta, La Corona, El Laguito and El Rey del Mundo—make most of Cuba's export-quality cigars. These factories receive the best tobaccos and employ the finest rollers the island has to offer. In Cuba, tobacco processing and cigar making are considered honored traditions, and production techniques at all the Havana factories are much as they were a century ago.

The 1990s may well be remembered as a second golden age for Cuban cigars. Tobacco plantations are expanding and exports are again on the rise. The realization that quality and reputation go hand and hand has led to tighter controls in the fields, the curing and aging warehouses and the factories. Economic pressures and the need for capital are leading the government to open the door to foreign investors.

Despite the ups and downs over the years, Habanos have retained the reputation for quality in taste and craftsmanship that their name implies.

JON WYAND

The oldest cigar factory in Cuba is Partagas, which first opened its doors in 1845.

Truly, there can be no greater pleasure than to spend time relaxing with a Cohiba, Romeo y Julieta, Montecristo or one of the city's other great cigars.

BUYING CIGARS IN HAVANA

If there is one thing Havana is known for worldwide, it is fine cigars. In fact, cigars and the city are so closely linked in the international psyche that, to avoid confusion, the state-owned cigar marketing and distribution company, Cubatabaco, recently changed its name to Habanos S.A. Of the six factories in Havana, half (Partagas, La Corona and H. Upmann) are clustered together in the old city. The other three (Romeo y Julieta, El Rey del Mundo and El Laguito) are all within a few minute's drive from downtown. Unfortunately, all but one are closed to the public.

The one that you can visit, Real Fabrica de Tabacos Partagas (located on Calle Industria just behind the Capitolio Nacional), is the oldest of the six and something of a showpiece. This year, the factory celebrates its 150th year in continuous operation. Little has changed there since it first opened its doors in 1845. Here you can see some of Cuba's best cigars being made, including the Partagas 8-9-8 and Cohiba Robusto, Esplendido and the Siglo series.

There is something thrilling about buying Havana cigars in their hometown. Though most shops sell by-the-box only, many hotels and restaurants offer well-stocked humidors where you can sample to your heart's content. Because of high demand, cigars are now often on back order. But if one store doesn't have something on your list, another might and, since prices can vary as much as 20 percent from store to store, it pays to shop around.

Three of Havana's better cigar stores are in the old city. Of these, the most impressive is the Partagas factory store, owned and managed by Habanos S.A. The shop features a well-stocked walk-in humidor large enough for entertaining distinguished guests. Due to a brisk tourist trade, prices here are unabashedly higher than in most other shops. Still, it is a convenient place to buy if you are on a limited time schedule (even with the premium, prices are reasonable). Another good old town shop is the Palacio del Tabaco, on the ground floor of the La Corona factory on Calle Agramonte (across from the Museum of the Revolution). This recently opened, stylish shop is clean, cool and friendly. There is even a bar where you can get an espresso or a cold drink while contemplating your purchases. Check out the roller there too; most often, he is working diligently on Hoyo de Monterrey Double Coronas, a cigar he has rolled for several decades.

If you still can't find what you want, try the small, no-frills shop in the Infotur office on the

**La Casa del Tabaco
at the Comodoro
Hotel.**

ground floor of the
Manzana de
Gomez building off
the Parque Central
(just across from
the Hotel Plaza),
which often stocks
otherwise hard-to-
find smokes. Also
nearby, in the Palacio de Artesanias, which is down
on the waterfront, there is a shop off at the rear of
the open courtyard. This one still seems rustic and
appears a little rundown, but Peter Napolis oversees the shop with a keen eye and keeps a good
stock of bigger cigars on hand.

At the opposite end of town is the well-known
La Casa de 5 y 16 tobacco store, located upstairs in
an aging Miramar mansion at the corner of 5th
Avenue and Calle 16. This shop, known for its vol-
ume sales to VIPs worldwide, has an excellent
selection at good prices. Here you can rent a locker
in the humidor to hold your purchases between
trips to Havana. Farther out in Miramar (at the
corner of 3rd Avenue and Calle 28) is another shop
with the name Palacio de Tabaco. Though small, it
is recommended as a good place to find cigars that
other stores don't have in stock. There is also Casa
del Tabaco El Corojo, located behind the lobby in
the Hotel Melia Cohiba. New, clean, well-stocked,
efficiently managed, it is a great place to buy cigars,

9

especially if you are staying at the hotel.

Don't forget the other grand hotels in the city. Both the Nacional and the Comodoro, out in Miramar, have well-stocked humidors. On one recent trip, the former was the only location with some nearly impossible-to-find double corona cigars. You have to look for this shop. It's up a narrow staircase at one end of the lobby. The Comodoro's shop is more open, and contains a standard selection of the major brands.

A word to the wise: When in Havana (or anywhere else in Cuba), don't buy cigars on the street. It is a given that you will be approached time and again and offered what sounds like the deal of the century. But chances are 99 to 1 that any cigars you buy on the street will be counterfeit. They may bear official stamps and be in the regulation boxes, but nobody is going to sell you authentic Cohiba Esplendidos (which have an over-the-counter value of $270 or more) for $40 a box. When approached it's best to just say no.

Cigar Stores

CASA DEL HABANO (Partagas Factory) §
  Industria No. 520 (Old Havana)
  Phone: (537) 33 80 60

PALACIO DEL TABACO (La Corona Factory) §
  Agramonte 106 (Old Havana)
  Phone: (537) 33 83 89

INFOTUR (Manzana de Gomez)
  Paseo del Prado y Neptuno (Old Havana)
  Phone: (537) 63 69 60

PALACIO DE ARTESANIAS
  Cuba No. 64
  Phone: (537) 62 44 07

LA CASA DE 5 Y 16 §
  5th Avenue and 16 (Miramar)
  Phone: (537) 29 40 40

PALACIO DEL TABACO
  3rd Avenue and 28 (Miramar)
  Phone: (537) 23 33 76

Hotel Cigar Stores

NACIONAL §
  Calles 21 and O, second floor

§ *Cigar Aficionado* recommendations

Comodoro §
   Third Avenue and 84
   (in shopping arcade)

Tabaco El Corojo
   Melia Cohiba
   Avenue Paseo

A Brief Guide for Visitors

Restaurants & Bars

If there is one basic guideline for drinking and eating in Cuba, it is to keep it simple. Though international fare is featured by nearly every upscale restaurant, it is always better to order traditional drinks and food.

Wine lists have greatly improved over the past few years, but nothing is more inviting and thirst quenching than the local Hatuey beer, a full-flavored lager usually served just above the freezing point. Rum-based cocktails are an island specialty, particularly the daiquiri and the mojito (rum, sugar, lime juice, crushed mint, soda and a dash of Angostura bitters, served on the rocks), both of which were favorites of Ernest Hemingway during his Cuba years. The best hotels all have at least one good bar (some have several) where you can drink and smoke in comfort. This is particularly true at the Cohiba, Nacional and Comodoro.

It is not easy to get a good meal in Havana. Most restaurants suffer from the generally tough

BRYAN WHITNEY

Guests enjoy the food and entertainment at La Cecilia restaurant.

economic times and a blasé approach to dining. As with bars, some of the best restaurants are in the better hotels, where the food, wine lists and service come closer to meeting international standards.

There are some notable exceptions, including the trio of Miramar eateries listed below.

FLORIDITA
    Obispo and Monserrate
    Phone: (537) 63 11 11
    Dinner w/wine $60
One of Ernest Hemingway's old haunts, now faithfully restored. Cool and quiet in the afternoon, packed at night. Features daiquiris served in huge stemmed goblets. Menu is mainly overpriced seafood; service is stiff.

LA BODEGUITA DEL MEDIO
    Empedrado 207
    Phone: (537) 62 44 98
    Dinner w/beer $20
Another Hemingway-era Old Havana watering hole, this one a crowded, casual bar that churns out a neverending cascade of mojitos, Cuba libres and

Bryan Whitney

Poolside at the Comodoro Hotel in Havana.

cold beers. Simple Cuban fare, fresher at lunch than at dinner.

TOCORORO §
> 3rd Avenue and 18 (Miramar)
> Phone: (537) 22 45 30
> Dinner w/wine $65

One of the best restaurants in Cuba, occupying the ground floor and garden patio of a neocolonial mansion. International cuisine with a *criollo* flair.

EL RANCHON (La Casa de 5 y 16) §
> 5th Avenue and 16 (Miramar)
> Phone: (537) 29 40 40
> Dinner w/wine or beer $30

Garden restaurant serving expertly prepared Cuban cuisine. Huge portions; casual service.

LA CECILIA §
> 5th Avenue and 110 (Miramar)
> Phone: (537) 22 07 21
> Dinner w/wine $50

Good surf-and-turf restaurant in a restored mansion with a large, covered patio. Ample wine list. Features an on-premise master cigar roller, and salsa music and dancing for the late-night crowd.

1830
> Calzada and 20 (Vedado)
> Phone: (537) 39 90 70
> Dinner w/wine $60

High-quality international cuisine in a huge water-front mansion. One of the best wine lists on the island. Well-stocked humidor.

HOTELS
(Note: rates may vary with the season)

MELIA COHIBA §
> Avenue Paseo
> Phone: (537) 33 36 36
> Fax: (537) 33 45 55
> Room Rates: $150 to $400 for a suite

By far the best hotel on the island, opened in February 1995. Plush smoking bar, El Relicario; four restaurants including Abanico de Cristal, which serves excellent gourmet fare based on traditional Cuban cooking.

§ *Cigar Aficionado* recommendations

The newly opened Melia Cohiba Hotel.

BRYAN WHITNEY

NACIONAL §
>   Calle 21 and O
>   Phone: (537) 33 35 64
>   Fax: (537) 33 50 54
>   Room Rates: $120 to $470 for a suite
>   Presidential suite $1,055

The major hotel during Havana's heyday before the Cuban Revolution, and still one of the better hotels, this recently renovated landmark retains an air of restrained elegance. Good international/Cuban restaurant, Comicor de Aguiar; nightclub Le Parisien.

COMODORO §
>   3rd Avenue and 84 (Miramar)
>   Phone: (537) 22 55 51
>   Fax: (537) 22 73 79
>   Room Rates: $100 to $175 for a suite

Quiet, comfortable resort-like atmosphere with pool and beach access. Recently renovated. Three good restaurants.

SEVILLA
>   55 Calle Trocadero
>   Phone: (537) 33 85 60
>   Fax: (537) 33 85 82
>   Room Rates: $84 to $157 for a suite

Downtown location is conveniently situated near cigar shops and factories. Colonial-era lobby, newly renovated rooms, garden swimming pool. Spectacular rooftop restaurant.

HOTEL PLAZA
>   Ignacio Agramonte 267
>   Phone: (537) 62 20 06
>   Fax: (537) 63 96 20

The landmark Nacional Hotel.

BRYAN WHITNEY

Room Rates: $68 to $103 for a suite
Aging, slightly faded hotel with adequate rooms.
Good light lunches served in the spacious lobby
bar, which has an Old-World feel.

INGLATERRA
    Prado 416
    Phone: (537) 33 85 93
    Fax: (537) 33 82 54
    Room Rates: $51 to $71
Havana's first luxury hotel. The large rooms are in
need of renovation. Cool, airy lobby bar and
restaurant.

VICTORIA
    Calles 19 and M
    Phone: (537) 32 65 31
    Fax: (537) 33 31 09
    Room Rates: $80 to $130
A small, unknown gem with the graceful charm of a
good European inn. The elegant restaurant offers
private rooms for business lunches.

§ *Cigar Aficionado* recommendations

CHAPTER 2

SHAPE, SIZE
AND COLOR

Non-Cuban cigars are not the easiest thing in the world to understand. Check out any tobacconist's display, and it may seem that each brand's sizes and shapes are designed to confuse the buyer. In Cuba, however, the sizes are more standardized, thanks to the control of Habanos S.A., formerly Cubatabaco, which oversees all cigar production.

There is an accepted vocabulary and certain basic criteria that apply to all hand-rolled cigars. The parameters are fairly simple: brand, wrapper color, and size and shape. Of course, country of manufacture is important too, but in Cuba today, virtually all tobacco used in handrolled cigars is produced on the island.

Let's start with the brand name. The brand is the designation given by the manufacturer to a particular line of cigars. Punch, Partagas, Hoyo de Monterrey are a few of better known Cuban brand names. You'll find these names on the cigar band, which is generally wrapped around the "head," or the closed end, of the cigar.

However, if you're in a country where both Cuban and non-Cuban cigars are available, even these well-known names can be a source of confusion. Some brands were first produced in Cuba; after Castro's revolution in 1959, many cigar manufacturers fled and believed they could take their brand names with them. The Cubans argued that the brands belonged to the country. So today, you have a Punch made in Cuba and one made in Honduras; a Partagas in Cuba and a Partagas in the Dominican Republic. The dual origin problem also affects Romeo y Julieta, La Gloria Cubana, Fonseca, H. Upmann and El Rey del Mundo, Cohiba and Montecristo. You can usually determine which is which by a small Habano or Havana inscribed on the band.

In Cuba today, virtually all tobacco used in handrolled cigars is produced on the island.

Color refers to the shade of the outer wrapper leaf. In the past, manufacturers used dozens of terms for the wrapper leaves which were grown in Cuba, Sumatra, Brazil and the United States; U.S. cigar makers often described eight to ten different shades. Today, there are six major color grades in use. And wrapper is grown today not only in the countries mentioned above, but in Ecuador, Nicaragua, Honduras and Cameroon as well. In Cuba, all

Double Claro   *Claro*   *Colorado Claro*   *Colorado*

cigars use Cuban-produced wrappers.

Here are the six basic shades:

— CLARO CLARO: Light green, and often called candela. The leaves are cured with heat to fix the chlorophyll in the leaf. They often taste slightly sweet. At one time a majority of cigars in the U.S. market came with a light-green wrapper, but claro claro is not as popular today.

— CLARO: A light tan color, usually grown under shade tents. Claro is prized for its neutral flavor qualities.

— COLORADO: Brown to reddish brown. It is also usually shade-grown and has rich flavor and a subtle aroma.

— NATURAL: Light brown to brown. It is most often sun-grown.

— MADURO: From the Spanish word for "ripe," it refers to the extra length of time needed to produce a rich, dark-brown wrapper. A maduro should be silky and oily, with a rich strong flavor and mild aroma. There are several processes used to create maduro: one involves "cooking" the leaves in a pressure chamber; the other uses long, hotter-than-normal fermentation in huge bulks. A maduro wrapper usually produces a slightly sweet taste. This shade is almost unknown in Cuba.

Colorado Maduro   *Maduro*   *Oscuro*

Corona

Corona Gorda

22

Double Corona

— OSCURO: Meaning dark, it is also called negro or black in tobacco-producing countries. It usually is left on the plant the longest, and it is matured or sweated the longest.

You've seen the brand you're looking for, you've spotted the color wrapper you like to smoke, now it's time to get down to choosing a size and shape. In Spanish, the word *vitola* conveniently covers both words, but in English we're left describing both size (girth and length) and shape. Most cigars come in boxes with a front mark that tells you the shape of the cigar such as Punch Double Corona, H. Upmann Lonsdale or Partagas Robusto. As you come to know shapes, you also can make some assumptions about size, such as knowing that a double corona is not a short, thin cigar.

All cigars can be divided into two categories: parejos, or straight sides, and figurados, or irregular shapes.

Despite the confusion in different countries about the names used to describe a size of cigar, there is a basic measurement standard. The only variations are whether it is expressed in metric or U.S. customary systems. Length, therefore, is listed in inches or centimeters, and girth or diameter, or ring gauge as it commonly known, is in 64ths of an inch or millimeters. A classic corona size, for example, is 6 by

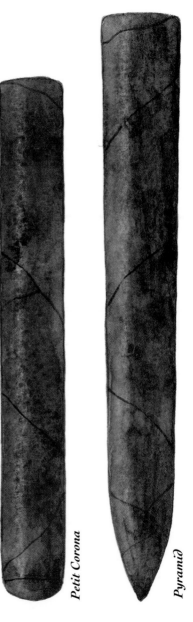

Robusto

Petit Corona

Pyramid

Churchill

Lonsdale

Panatela

42, which means it is six inches long and 42/64ths of an inch thick.

If you're searching for common denominators to use as a starting point for shape, it helps to know that all cigars can be divided into two categories: parejos, or straight sides, and figurados, or irregular shapes.

Simply put, parejos are straight-sided cigars, the kind with which most smokers are familiar. There are three basic groups in this category: coronas, panatelas and lonsdales.

Listed below are some standard size names with their standard sizes in parentheses.

—CORONAS (6 inches by 42/44 ring gauge) have traditionally been the manufacturer's benchmark against which all other cigars are measured. Coronas have an open "foot" (the end you light) and a closed "head" (the end you smoke); the head is most often rounded. A Churchill normally measures 7 by 47. A robusto is 5 by 50. A double corona is 7 1/2 by 49. In other words, these are all variations on the corona theme.

—PANATELAS (7 x 38) are usually longer than coronas, but they are dramatically thinner. They also have an open foot and closed head.

—LONSDALES (6 3/4 by 42) are thicker than panatelas, but longer than coronas.

Perfecto

26

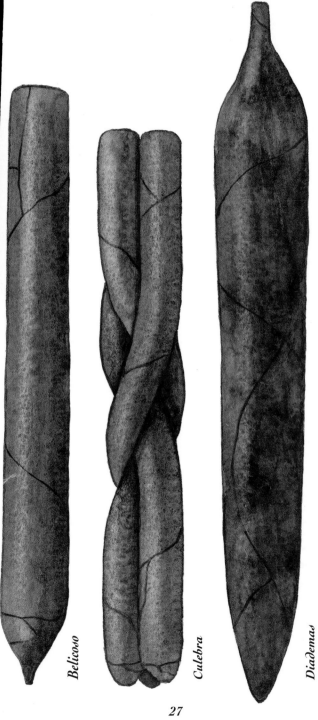

Belicoso

Culebra

Diademas

27

Amatista refers to a glass jar of 50 cigars, originally packaged by H. Upmann, which was developed for smokers who wanted a "factory fresh" smoke.

The irregular shapes, or figurados, encompass every irregularly shaped cigar. The following list comprises the major types:

— PYRAMID: It has a pointed, closed head and widens to an open foot.

— BELICOSO: A small pyramid-shaped cigar with a rounded head rather than a point.

— TORPEDO: A shape with a pointed head, a closed foot and a bulge in the middle.

— PERFECTO: This looks like the cigar in cartoons with two closed rounded ends and a bulge in the middle.

— CULEBRA: Three panatelas braided together.

— DIADEMAS: A giant cigar 8 inches or longer. Most often it has an open foot, but occasionally it will come with a perfecto or closed foot.

Remember, even with these "classic" irregular shapes, there are variations among manufacturers. Some cigars called belicosos look like pyramids, and some called torpedos look like pyramids because they do not have a perfecto tip. Confusing? Yes, it is. But fortunately in Cuba, the range of choices is less daunting.

There are some other designations that are worth knowing because they refer to the style of packing. An 8-9-8 designation, for instance, simply means that the cigars are stacked in three rows inside the box, eight on the bottom, nine in the middle and eight on top. They usually come in a distinctive round-sided box. Amatista refers to a glass jar of 50 cigars, originally packaged by H. Upmann, which was developed for smokers who wanted a "factory fresh" smoke. Finally, there are tubos, cigars that are packed in aluminum, glass or even wooden tubes; a tightly sealed tube will keep cigars fresh for a long period of time. Some cigars are also box-pressed, meaning they are put inside a box so tightly that they acquire a soft, squarish appearance.

CHAPTER 3

TASTE

What makes a cigar taste the way it does? Many cigar lovers don't want to know. They don't want to analyze why they like their favorite cigar. It's like an affair of the heart—we prefer to focus on the romance.

Professional tobacco men and experienced smokers can tell the difference between a good cigar and a bad cigar. The experts agree that there are certain constants in cigar making, and that the structure and the ingredients of any cigar determine its taste.

While smoking a cigar is the first step for appreciating it, there's more to it than just putting a cigar in your mouth and puffing away. An overall impression of a cigar means using all of your senses. Sight, touch, smell, taste and, yes, even your hearing play a role in cigar smoking.

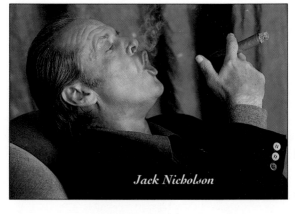

Jack Nicholson

STEPHEN WAYDA

First, sight and touch go hand in hand. The first thing that you do when you remove a cigar from a box, or from your humidor, is inspect it. Even if this act is only subconscious, the appearance and feel of the cigar wrapper tell a story, and several lessons about taste can be learned from the outside of any cigar. Then, listen to it. Roll the cigar between fingers in order to determine the moisture content of the wrapper and the filler.

The best wrappers from Cuba are indeed like silk.

A wrapper does not make or break a cigar. But it plays an important role because it provides texture and beauty, and is your first contact with the personality and character of a cigar. Even before you light up, seeing and feeling a wrapper with nice silky oil and without visual blemishes should give you certain expectations. Wrapper appearance will vary depending upon where the leaf was grown.

The best wrappers from Cuba are indeed like silk, with exceedingly close cell structure—they don't feel like vegetable matter because their surface is so smooth. These wrappers have an elasticity and strength often lacking in wrapper leaves from other countries.

Despite the differences in oils, seeing oil in any wrapper leaf indicates that the cigar has been well-humidified (oil secretes from tobacco at 70 to 72 percent humidity) and that the smoke should be relatively cool. A cool smoke is a tastier one, because it means the tobacco isn't carbonizing or overheating, which can limit the flavors.

If you see cracks or ripples in the surface of the wrapper leaf, you know that the cigar was exposed to cycles of over-humidification and excessive dryness. This, too, is important. If the cigar is forced through rapid cycles of expansion and contraction, the internal construction is destroyed. A cigar with internal damage will smoke unevenly, or "plug," drawing unevenly. This may still occur due to faulty construction, but your chances are better with a perfect wrapper than with a broken one.

After lighting your cigar, look at the ash. According to most cigar experts, a white ash is better than a gray one. This is not merely an aesthetic issue; better soil produces whiter ash and more taste. Soil can be manipulated through fertilization, but if too much magnesium (a key ingredient in producing white ash) is added to the mix, the ash will flake, and nobody wants a messy cigar, even if the ash is white. Gray ash may hint at deficiencies in the soil, thus in the flavor.

A final visual cue is the burn rate. You can taste a cigar that is burning improperly because an uneven burn distorts the flavor of the blend. Simply put, a cigar is designed to burn different tobaccos evenly throughout the length of the smoke. A cigar may start off mild and grow stronger or change in some other way; these changes can be attributed to the location of the tobaccos. Thus, if a cigar burns unevenly, the delicate balance designed to produce a particular flavor is disturbed, and the cigar will not taste right.

The sense of taste is located mainly on the tongue and to a lesser degree on the roof of the mouth. There exist only four basic tastes: sweet, sour, salty and bitter. Everything else is either a combination of these four or a combination of taste and aroma. Although food flavor descriptors are now being used, most tobacco men stick with words like acidic, salty, bitter, sweet, bite, sour, smooth, heavy, full-bodied, rich and balanced.

According to most cigar experts, a white ash is better than a gray one; better soil produces whiter ash and more taste.

Aroma too is important, and most cigar makers not only taste for flavors, but smell for aroma at the same time.

To come up with a blend of tastes that works, it takes many different types of tobacco. And to reach a consistent taste, one that stays the same year after year, is the most difficult task for any cigar maker. No two leaves of tobacco are the same, and no two cigars can be the same year to year.

Cigar makers utilize different tobaccos to try to compensate for nature. They continually seek a blend that will achieve consistency and at the same time create some flavor complexity. A good blend uses tobaccos from different geographic zones, varieties, grades and harvests, so that the cigar will be complete and balanced.

Achieving this balance is difficult. There are an infinite number of variables that can alter the taste of any blend: soil, tobacco variety, climate, ground condition, curing, the harvester, fermentation, manufacturing process and the humidity of the cigar.

Two especially important factors in taste are aging and construction. Aging provides smoothness, richness and roundness—qualities you won't find in a cigar right from the roller's table.

Even with the finest blend in the world, a poorly constructed cigar will be less enjoyable than a perfectly made cigar of only modest blend. A loose draw (a cigar that burns fast, letting a lot of smoke pass through quickly because it is underfilled) will increase smoking temperature, destroying taste. A tight draw, on the other hand, reduces the sensitivity of the taste buds; drawing less smoke means having less to taste. Moreover, a tight draw may extinguish more frequently, and relighting makes a cigar harsh.

The variability of cigars may be one of the most essential things a consumer should remember. Cigars are handmade products, produced by skilled artisans in quantities of anywhere from 100 to 300 a day, depending on the size of the cigar and the manufacturing process. Like any handmade item, cigars are subject to human error. A bit too much tobacco here, a bit too little there, or a fatigued hand applying the wrong amount of pressure can completely alter the final product. All manufacturers have the occasional faulty cigar slip through their quality control system and reach the marketplace. What should a consumer do? Accept the reality, throw out the cigar and light up a new one. It's extremely unlikely that the next one will be flawed unless you are smoking a second-rate brand.

And, once you're smoking your favorite cigar, you won't even have to think about the complex set of processes that brought the cigar to your hand. It will most likely taste as great as the last one, and you'll already be looking forward to the next one.

CUTTING AND LIGHTING

Cigar smokers must master one of the most extraordinary rituals in the world of connoisseurship: cutting and lighting their cigars. The cut can seal the fate of a cigar. If it's not done correctly, the smoke can be hot, or the wrapper leaf can unravel and leave a flap hanging off the lit cigar, or the smoker's teeth can get covered with bits of unsightly tobacco. A correct cut rivals a

Stainless steel guillotine cutters.

comfortable chair; you don't even notice it.

Each smoker has a favorite way to snip off the end of a cigar. A ritual so personal is subject to inflexible opinions about right and wrong methods, and the choice of method is often traceable to the mentor who taught a given smoker to appreciate cigars. Regardless of method, though—whether wedge, guillotine, scissors, bull's-eye, piercer, knife or teeth—the quality of the cutting tool often relates directly to the quality of the cut. And there are a few basic rules that can lead to a perfect cut.

PHOTOGRAPHY BY GENE COLEMAN

If mistakes are made in the cut, it may be because the smoker doesn't understand how cigars are made. All premium handmade cigars are closed off at one end (called the "head") in the manufacturing process. In some cases, this closure is made with a separate piece of the tobacco leaf called a "cap," usually cut from the same wrapper leaf that's on the cigar. It is secured with a special vegetable-base glue. Others are finished off with a "flag," a piece of leaf that is part of the same wrapper leaf but has been shaped with a knife to be wrapped around the head end of the cigar, which is secured with the same kind of glue. The latter technique is obvious in some cigars because

instead of being smoothed out underneath the flag, the leaf is twisted off in a pigtail. In all cases, the cap or flag closes off the wrapper and binder leaves that hold the filler leaves together in the "bunch."

The goal of a guillotine or scissors cut is to clip off enough of the end to expose the filler leaves, but to leave enough of the cap or flag on to keep the wrapper on the cigar. That usually means a cut of about two millimeters, or about one-sixteenth of an inch. If you're not into metrics or rulers, another

*Distinctive
guillotine and
scissor cigar
cutters.*

safe gauge is to look for the "shoulder" of the cigar.
In a flat-end cigar, it may be quite noticeable; in a
rounded end, it's a little harder to find but basically
it's where the curve of the end straightens out. In a
well-made cigar, the cap or flag usually extends
over the shoulder. A cut made at the shoulder, or
just a touch above, may be perfect.

Guillotine cutters must be kept sharp. Once
they become dull, the blade begins to "push" the
tobacco leaves, often tearing the side of the cigar

away from the blade. To achieve a clean cut with a single-blade guillotine, the cigar should be positioned against the far side of the opening, the blade brought to rest against the cigar, and the end snipped with a sharp or quick thrust. Most single-blade guillotines also have a pocket for the blade; these must be regularly cleaned of tobacco pieces, or the blade may jam. Beware of inexpensive guillotine cutters with a single blade; they can damage cigars.

Double-bladed guillotines eliminate the problem of the cigar's far side being torn by an improper stroke of the blade. Be sure the cigar is flush against one blade before attempting to make a cut. The cutting motion should be crisp. These cutters should also be cleaned, but their design usually prevents jamming; an annual cleaning should be enough.

Scissors are more problematic. A good scissors must be properly balanced between the handles and the clipping edges. If not, it is very hard to hold the cigar steady against one of the cutting blades to get a clean cut. Also, if the hinge doesn't allow for a long movement of your fingers, it can be very hard to get a straight cut across the end of the cigar. But again, the same principle applies—you want to cut off enough of the cigar to expose the filler leaves without removing all of the cap.

One of the most popular cutters today leaves a V-shaped wedge in the end of the cigar. A greater surface area of the filler bunch is exposed than in a straight cut across the end. But smokers who like to chew the end of their cigars should be wary of a wedge cut. If too much pressure is applied to the end of the cigar, the wedge can collapse. This caus-

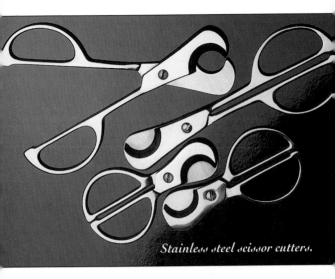

Stainless steel scissor cutters.

es an accumulation of moisture and tars, and can make the draw tighter. If you pull too hard on the cigar, it can make the cigar smoke hotter and harsher.

Two other types of cutters, a bull's-eye and a piercer, accomplish the same basic cut: putting a hole in the end of the cigar without damaging the cap's adhesion to the cigar. The bull's-eye uses a hollow-tip cutter that is turned in a quick circular motion. Experts advise against making the hole too deep; a too-deep cut can draw the air and smoke down toward the middle of the cigar, making it smoke hotter. The same caution should be used with the piercer, which often looks like an auger.

Many people swear by a simple knife or one-sided razor blade. Although the free blade requires a steady hand, the depth and angle of the cut, especially in a V-shaped wedge, can be gauged precisely according to the smoker's preference. The key to a successful knife cut is the sharpness of the blade.

But unlike some guillotine cutters, a knife blade can be sharpened on a whetstone.

No article on cutting would be complete without the simplest cutting device of all: your teeth. This way is certainly convenient—you always have your teeth with you. But experts, many of whom incidentally make a living selling fancy cutters in addition to cigars, argue that only the very skilled teeth cutter can ensure a good, clean cut every time. They argue you can't see the cigar, you don't know exactly where the cut is being made, and you run the risk of tearing the cap and wrapper. There is also an element of bad manners; spitting out the tobacco can be unsightly. But in a pinch, teeth always work.

Let's dispel a few myths about lighting cigars. Yes, the use of a wooden match or a cedar strip called a "spill" is elegant, and it can be effective. But it's often time-consuming and unwieldy because it takes more than one match to properly light a cigar. Therefore, any good butane lighter is an efficient cigar smoker's companion. The one caveat concerns fluid lighters. While lighter manufacturers dispute this, it is a fact that oil-based fluids can impart a taste to a cigar.

Now you're ready to light. Cool smoke is the goal of a perfect light. There is a simple rule to follow: Never let the cigar touch the flame. When you light up, hold the cigar at a 45-degree angle above the flame, just far enough away so that the tip of the flame dances up to the cigar but never quite touches it. Then, to assure a proper light, rotate the cigar in your hand so that the foot of the cigar lights all the way around. When a lightly burning ring surrounds the tip of the cigar and begins to

creep toward the cen-
ter of the foot, blow
out lightly through
the cigar. Not every-
one does this, but it
makes sense; rather
than breathing a first
puff of lighter (or
match-born sulfur)
gases into the cigar,
your first exhalation
will rid the tobacco
of these unwanted
flavors.

Lighter.

Then you are
ready to begin smok-
ing. Do so by continu-
ing to rotate the cigar
as you take your first
few puffs. This will
regulate the burn,
ensure that it is even and prevent "tunneling,"
which is when one side of the cigar burns faster
than the other. This technique applies to all forms
of lighting: matches, cedar strips or lighters.

Some people wonder if a cigar should be relit if
it goes out. Even with a perfect lighting job, a cigar
may go out occasionally. While smoking a cigar at a
rate of one puff a minute can ensure a smooth, cool
smoke, sometimes that isn't feasible. You may be on
the telephone, or in a conversation with someone,
and just forget to keep puffing. If your cigar goes
out, by all means, relight it—just use the same caution in lighting it as you would with a fresh cigar.
However, be aware that after a couple of relights, a

cigar can begin to get harsh.

If you insist on spills or matches, there are a few rules to follow. You may use a candle to light a spill, but never use a candle to light a cigar; wax vapors can ruin the taste of a cigar. If you're using matches, long ones are preferable. If you use short ones, strike two at one time, let the sulfur burn off and then commence lighting—by using two, you get a broader flame and make it easier to get an even light.

Lighters are the most portable source of fire, and most can be lit with one hand while the other holds the cigar. A good lighter should have a certain heft; some are cut from solid blocks of brass and feel like it. But as important as the weight is the feel in your hand, like a good knife. It should be balanced and fit the size of your palm.

Opening the lighter should be effortless. The cap should swing open smoothly, and the hinge mechanism should be silent. (A hollow or clunky sound can indicate inferior materials.) Once it is opened, the cap should swing fully away from the body of the lighter; otherwise the flame may not be accessible, especially if you're lighting a bigger cigar. The flame should be adjustable, and should be fat, again something that is more important for a cigar smoker than a cigarette smoker. Some cigar lighters actually have two flames.

In the end, the goal is to have a trouble-free light. Since you'll be using it frequently, look for a lighter that feels comfortable and works in all situations including windy ones. If a lighter is not only functional but attractive, you'll be carrying it around like a pocket watch forever.

CHAPTER 5

STORING AND CARRYING CIGARS

Cigars are not old clothes. You cannot toss a cigar in a drawer for a few months, retrieve it and then light it as easily as you can put on your favorite old cashmere sweater. Cigars are a natural agricultural product, and will smoke poorly or wonderfully depending upon the care you give them.

A humidor should maintain a cigar at its peak of "smokability." This isn't simple, because a humidor must re-create the tropical or semi-tropical environment in which most cigar tobacco is grown and where most fine, hand-rolled premium cigars are manufactured and aged. Makeshift tropical environments—like a steamy bathroom or a zippered plastic bag with a moist paper towel—don't work well.

A cigar is composed of multiple layers of tobacco. In an inconsistently humid environment like a shower stall, the outside of the cigar will dry once the mist is cut off, but the inside of the cigar will still be damp. The inside "bunch" of tobacco will swell while the wrapper contracts and splits open, destroying your investment.

The most crucial characteristic of a fine humidor is that it provides a consistently tropical environment (about 68-70 degrees Fahrenheit and 70-72 percent humidity) over a long period of time. Remember, this doesn't only mean how often you need to add water to the humidification system; it

Elie Bleu Medal Series humidors.

also means that 20 years from now the box lid hasn't
warped and the hinges still open easily and quietly.
Reputable humidor manufacturers include
Davidoff, Danny Marshall, Dunhill, Elie Bleu,
Michel Perrenoud and Savinelli.

The components of a good humidor can be
judged easily. Starting from the inside of the box,
look for details like perfectly squared and fitted
seams. You shouldn't see any glue, and a gap in a
joint spells trouble because it provides an exit for
moisture, eventually resulting in warping. Cedar is
the best wood for the inside of a humidor because
of its ability to enhance the aging process. It allows
the various tobaccos in a cigar the chance to
"marry" so that the cigar is not composed of sepa-

Cedar is the best wood for the inside of a humidor because of its ability to enhance the aging process.

rate tobacco flavors, but of subtle nuances of taste.

The rim of the box should be constructed uniformly, with tight tolerances, so that the lid closes with the solid feel of a Mercedes Benz car door. An inner lip, especially a lower one, will protect cigars from dry outside air. This is all the more necessary in a box without a lock, because only the weight of the lid will keep it tightly shut. A humidor lid should never close like a safe, however, because if no air were allowed to circulate, musty smells would destroy your cigars. The entire box should be balanced, both when left closed and when opened. (The last thing you want is to have your box tumble off the desk because the lid is too heavy or bounces when lifted.)

Of course, a perfectly constructed box is worthless if it has no means of providing humidity. At one time old apple cores were thought to do this nicely, but modern humidification systems are more reliable. Most humidifiers rely on some variety of sponges, chemical compounds or plain bottles to provide moisture. However, remember that prime cigar aging demands constant humidity levels. Usually, humidor instruction manuals proclaim low maintenance. But once you've prepared the humidor for use — try wiping the interior with a damp cloth before loading it up with cigars — you should rely as much on the "feel" of the cigars inside as on the humidification system. If the cigars feel dry even though the humidity gauge reads 70 percent, you should check the device.

If you smoke the same ring gauge consistently, a fingered case is a good bet because it will keep your cigars from rolling around.

Other practical features, in order of importance, are: a tray, which provides the owner the option of storing cigars at more than one level so that they are exposed to varying degrees of humidity (always place parched cigars as far as possible from the humidification device so they will regain humidity slowly, then move them closer to the device); slots or wells drilled into box sides, allowing a unit to breath while preventing separation and warping of veneer; and lid magnets for holding cutting instruments, which are occasionally added to humidors. A hygrometer, while fancy-looking, is seldom accurate even in the most expensive desktop models.

The appearance of your humidor is entirely up to you. A deep, rich lacquer finish is beautiful and functional and should be judged as you would the finish of a dining-room table. Also, a felt bottom will serve as protection for both the box and the surface where it sits. Handles are often helpful additions, especially on larger units.

Keep in mind that in a home or office, a humidor shouldn't overwhelm its surroundings. Deciding where to put your new purchase before buying it might help you find a humidor that will both look good and function well. If you made the right choice, twenty years from now when your son starts to covet your humidor, you will know for certain that your investment was worthwhile—you didn't buy a mere "box."

Another key question is what to do with cigars when you travel across the country, or across town for a big dinner. The best travel humidors and cigar cases are designed to keep cigars in perfect, smokable condition. Constructed of little more than metal, wood, leather and thread, they are just as simple and refined as what they protect. Do not ignore this parallel truth: your cigars and what you put them in should both be well-conceived products of a basic but nearly flawless design.

Cases, whether telescoping, multifingered, open (without separate cigar dividers), tubular or some combination of the above, should always do at least two things exceptionally well: protect and hold your cigars. The equation is simple—you want whatever cigars you smoke most often to fit easily into your cigar case.

If you smoke a longer cigar, a telescoping case will be necessary. And if you smoke various ring gauges during the course of the same day, avoid fingered cases which are constructed to hold specific ring gauges and will not stretch to hold larger sizes.

If you smoke the same ring gauge consistently, a fingered case is a good bet because it will keep your cigars from rolling around or rubbing against the interior of the case, especially when you get down to the last cigar. Open cases have no safeguards to prevent your cigars from rattling around once you've removed one or two.

If you'll be stowing a two-, three- or four-fingered case in your glove compartment for your drive to and from the office or for weekend jaunts in the country, any good quality case will do. Thick leather, of almost any hide, is tough and will resist the minor jostling caused by potholes and traffic jams.

If upon your arrival at work you're going to remove the case from the car and stow it in your coat pocket, be sure that it will fit. Most four-fingered models are very wide, and unless your chest size and tailor are cooperative, you might look like you're packing a weapon.

Aside from a standard check for stitch quality and uniform construction—with no rough edges showing—picking out a leather case that will protect your cigars is an easy task. A good case should slide open with minimal effort (test this by putting some of your own cigars into the case), and should be lined, to protect your cigars from leathery aromas and prevent the wrapper leaf from catching on any rough inner hide. Choosing a cigar case is much like buying new shoes: quality (which includes durability), fit, ease of use and style are the most important factors, in that order.

If your travel entails bumping (literally) into strangers, take more care in selecting a case—or consider a wooden or silver tube. Tubes are both

Burl Cabinet humidor.

bulky and heavy, but they can certainly take more abuse than leather, and they will keep a cigar fresh for up to 72 hours. If you mind the extra weight but still need heavy-duty protection, opt for a telescoping case with very thick leather.

Once you've selected a case or tube suitable for your needs, use it wisely. Slide fresh cigars into your case in the morning, and be sure to remove any unsmoked cigars at night, returning them to storage in your humidor. Most cases will not keep cigars fresh for more than a day. And whatever you do, never store a partially smoked cigar in a case—the aroma will linger, affecting every cigar placed in the case long after this careless mistake.

Unlike cases, travel humidors are too big for local commuting. The smallest models hold five Churchill-size cigars (one more cigar than the largest standard case), and are much too big to fit in a jacket pocket. The advantage to this bulk is that a travel humidor will keep cigars fresh much longer than all pocket-sized cases because it comes with a humidification unit.

The best travel humidors and cigar cases are designed to keep cigars in perfect, smokable condition.

Even though a travel humidor is designed for a multiday trip and a case is not, your expectations for both products should be similar. Again, remember the size and shape of your cigars, and be certain that the box will accommodate them. Then inspect the details. Look for features like solid rear hinges, preferably of the "piano" variety, which stretch the length of the box. Also, be certain that the humidification unit inside the box will stay put while you sprint to catch a plane or toss your luggage into the back of a taxicab.

If all goes well, both you and your cigars will arrive in fine condition, ready to smoke away the troubles of an all-too-fast modern age.

CHAPTER 6

CUBAN CIGARS
Listed with
COMPLETE TASTING
NOTES BY
SIZE AND SCORE

In this section, you will find complete descriptions, ratings and tasting notes for double coronas, Churchills, robustos, coronas, corona gordas, lonsdales, panatelas, petit coronas and unusually shaped cigars such as torpedos and pyramids (grouped together in the figurado category here).

The cigar's rating is arrived at by a panel of senior editors of *Cigar Aficionado* in blind tastings. The taste-test process is straightforward: The tasting coordinator removes the band from the cigar, and replaces it with a numbered white band so that the cigars are not identifiable. Each taster is given a humidor stocked with cigars and numbered tasting sheets to record his impressions and final scores.

A cigar's final score reflects judgments made in four categories.

1) **APPEARANCE AND CONSTRUCTION**. The testers look for oiliness, firmness and consistency of wrapper color. Bulging veins, excessive spotting, marks and a rough finish are defects.

2) **SMOKING CHARACTERISTICS**. Includes the evenness of the cigar's burn, the color of the ash and the quality of the draw.

3) **Flavor**. The taste of the cigar, which may include everything from cocoa beans, coffee and spiciness to wet hay. The tasters also note whether the flavor is mild, medium or full-bodied, and the duration of the "finish" —the length of time that the flavors stay in the mouth.

4) **Overall Impression**. This is the taster's own opinion based on his summary of the cigar's characteristics.

Once the tasting is finished, the tasting notes and scores are organized and compiled. The final average scores are calculated and the cigar is identified.

All cigar are tested on a 100 point-scale. The system is as follows:
95–100 — classic
90–94 — outstanding
80–89 — very good to excellent
70–79 — average to good commercial quality
Below 70 — don't waste your money
N/A = not available

DOUBLE CORONA

Rating: **96**
Brand: **Hoyo de Monterrey**
Description: **Double Corona**
Ring Gauge: 49
Length: 7 5/8" (193 mm)
Comments: An extraordinary full-bodied smoke. This cigar is filled with cocoa and coffee bean flavors backed up by smooth woody and leathery notes. It has a perfect draw, and a toast-like aroma.
U.K. Price: £10.10

Rating: 94
Brand: Ramon Allones
Description: Gigantes
Ring Gauge: 49
Length: 7 5/8" (193 mm)
Comments: This cigar has a smooth, creamy texture with strong pepper and spice notes. It has a sweet, intense nutty character on the finish.
U.K. Price: £9.90

Rating: 92
Brand: Partagas
Description: Lusitania
Ring Gauge: 49
Length: 7 5/8" (193 mm)
Comments: A rich, full-bodied cigar that has cedar and leathery flavors with strong hints of chestnuts and cinnamon.
U.K. Price: £9.90

Rating: 91
Brand: Punch
Description: Double Corona
Ring Gauge: 49
Length: 7 5/8" (193 mm)
Comments: This is a strong cigar with excellent tobacco character and a long finish. It has flavors of spice and leather that give it an earthy, almost herbal, complexity.
U.K. Price: £10.10

CHURCHILL

Rating: 93
Brand: **Saint Luis Rey**
Description: **Churchill**
Ring Gauge: 47
Length: 7" (178 mm)
Comments: This cigar has a lush dark wrapper and a firm draw. Loads of spice are backed up by a cedary finish.
U.K. Price: £5.80

Rating: 92
Brand: **Romeo y Julieta**
Description: **Churchill**
Ring Gauge: 47
Length: 7" (178 mm)
Comments: This remains the benchmark Cuban Churchill. It is filled with a deep, rich spiciness and strong cocoa bean flavors, and has a lingering rich finish.
U.K. Price: £9.70

Rating: 91
Brand: **Punch**
Description: **Churchill**
Ring Gauge: 47
Length: 7" (178 mm)
Comments: A very smooth, full-bodied cigar with a rich earthiness, flavors of leather and sweet spices like nutmeg, and a pleasing woody finish.
U.K. Price: £9.70

Rating: 90
Brand: Bolivar
Description: Corona Gigantes
Ring Gauge: 47
Length: 7" (178 mm)
Comments: A cigar filled with spices, including cinammon and nutmeg, and a pleasant sweetness that finishes in a complex earthiness.
U.K. Price: £9.70

Rating: 90
Brand: Quai d'Orsay
Description: Imperiales
Ring Gauge: 47
Length: 7" (178 mm)
Comments: A rich-tasting cigar with toasted bread and cinnamon flavors and a lingering finish.
U.K. Price: N/A

Rating: 89
Brand: Cohiba
Description: Esplendidos
Ring Gauge: 47
Length: 7" (178 mm)
Comments: A full-bodied cigar with fruity, black cherry-like notes, and a woody spiciness on the palate. A firm, almost tough draw.
U.K. Price: £17.60

Rating: **89**
Brand: **Flor de Cano**
Description: **Diademas**
Ring Gauge: 47
Length: 7" (178 mm)
Comments: A full-bodied cigar with an earthy character, and a full range of leather and sweet spice flavors like nutmeg.
U.K. Price: £9.70

Rating: **88**
Brand: **Hoyo de Monterrey**
Description: **Churchill**
Ring Gauge: 47
Length: 7" (178 mm)
Comments: This cigar has some exotic spice flavors including nutmeg and cinnamon, but it has a dry finish.
U.K. Price: £9.70

Rating: **87**
Brand: **El Rey del Mundo**
Description: **Tainos**
Ring Gauge: 47
Length: 7" (178 mm)
Comments: Uneven construction hurts this simple, mild cigar with a grassy taste and a light spicy finish.
U.K. Price: £8.36

CORONA GORDA

Rating: 92
Brand: Hoyo de Monterrey
Description: Epicure No. 1
Ring Gauge: 46
Length: 5 3/4" (146 mm)
Comments: A well-made, full-bodied cigar with chocolate and coffee flavors. A solid, spicy smoke with a long finish.
U.K. Price: £7.12

Rating: 91
Brand: Romeo y Julieta
Description: Exhibicion No. 3
Ring Gauge: 46
Length: 5 1/2" (140 mm)
Comments: A full-bodied cigar loaded with cocoa bean and nut aromas and complex, spicy flavors. It has a rich finish.
U.K. Price: £6.64

Rating: 89
Brand: Cohiba
Description: Siglo IV
Ring Gauge: 46
Length: 6" (152 mm)
Comments: This full-bodied cigar has rich flavors of dark chocolate and a leathery spiciness, but a tough draw limits it.
U.K. Price: £9.68

Rating: 89
Brand: Punch
Description: Punch
Ring Gauge: 46
Length: 5 1/2" (140 mm)
Comments: Inconsistent. A full-bodied cigar with nutty, spicy, flowery flavors. But tightness and a short aftertaste hurt this cigar.
U.K. Price: £6.64

Rating: 88
Brand: H. Upmann
Description: Magnum
Ring Gauge: 46
Length: 5 1/2" (140 mm)
Comments: A cigar with plenty of nuts and spiciness on the palate, with a clean, lingering tobacco aftertaste.
U.K. Price: £7.04

Rating: 83
Brand: Bolivar
Description: Corona Extra
Ring Gauge: 46
Length: 5 3/4" (146 mm)
Comments: A slight sourness detracts from a mellow, nutty and pepper flavor with a dry finish.
U.K. Price: £6.25

LONSDALE

Rating: 96
Brand: Cohiba
Description: Siglo V
Ring Gauge: 43
Length: 6 3/4" (171 mm)
Comments: It's a shame when you finish this cigar; you can't get enough of it. It is full-bodied and rich, yet maintains superb harmony. A truly refined cigar.
U.K. Price: £13.50

Rating: 95
Brand: Cohiba
Description: Siglo III
Ring Gauge: 42
Length: 6" (152 mm)
Comments: A great addition to a great line of cigars. It is gorgeous to look at, with its smooth, rich brown wrapper, and it gives loads of pleasure with every puff. An opulent smoke with great finesse and class.
U.K. Price: £10.00

Rating: 92
Brand: **Partagas**
Description: **No. 1**
Ring Gauge: 42
Length: 6 1/2" (165 mm)
Comments: An excellent, spicy cigar filled with a core of cocoa and coffee flavors and a long, almost leathery finish.
U.K. Price: £6.95

Rating: 92
Brand: **Quintero**
Description: **Churchill**
Ring Gauge: 42
Length: 6 1/2" (165 mm)
Comments: A powerful, full-bodied cigar with a deep nutty aroma and strong flavors of clove and nutmeg, with a cocoa-like finish.
U.K. Price: N/A

Rating: 91
Brand: **El Rey del Mundo**
Description: **Lonsdale Maduro**
Ring Gauge: 42
Length: 6 1/2" (165 mm)
Comments: This is a mellow smoke with medium-bodied, flavorful character and a long, clean aftertaste.
U.K. Price: £6.75

Rating: **91**
Brand: **Rafael Gonzales**
Description: **Lonsdale**
Ring Gauge: 42
Length: 6 1/2" (165 mm)
Comments: A dark-brown wrapper burns evenly on this full-bodied cigar, which has flavors of coffee and cocoa and a solid spicy core.
U.K. Price: £6.95

Rating: **90**
Brand: **Bolivar**
Description: **Gold Medal**
Ring Gauge: 42
Length: 6 1/2" (165 mm)
Comments: A full-flavored cigar with a toasty aroma and a nutty spiciness that ends with a bit of cedary after-taste.
U.K. Price: £7.40

Rating: **90**
Brand: **H. Upmann**
Description: **Lonsdale**
Ring Gauge: 42
Length: 6 1/2" (165 mm)
Comments: A well-made, full-bodied cigar that has an earthy aroma and complex flavors of spice and dried fruits.
U.K. Price: £6.95

Rating: 90
Brand: Montecristo
Description: No. 1
Ring Gauge: 42
Length: 6 1/2" (165 mm)
Comments: This cigar showed inconsistency. At its best, it has a beautiful wrapper and nutty aromas with sweet spice and spice flavors.
U.K. Price: £7.84

Rating: 89
Brand: Hoyo de Monterrey
Description: Le Hoyo Des Dieux
Ring Gauge: 42
Length: 6" (152 mm)
Comments: A spicy, well-rolled cabinet cigar with rich flavors and an earthy aftertaste.
U.K. Price: £6.96

Rating: 87
Brand: Sancho Panza
Description: Molinas
Ring Gauge: 42
Length: 6 1/2" (165 mm)
Comments: Some inconsistency in this otherwise rich cigar, with spicy, nutty flavors and a long finish.
U.K. Price: £6.75

Rating: 85
Brand: La Gloria Cubana
Description: Medaille D'Or No. 2
Ring Gauge: 43
Length: 6 5/8" (168 mm)
Comments: A cigar that shows lots of promise, with unusual sweetish flavors, but a bit short on the finish.
U.K. Price: £7.15

Rating: 85
Brand: Saint Luis Rey
Description: Lonsdale
Ring Gauge: 42
Length: 6 1/2" (165 mm)
Comments: An elegant, medium-bodied cigar with smooth flavors of nutmeg and toffee and a hint of cedar on the finish.
U.K. Price: £6.95

CORONA

Rating: 91
Brand: H. Upmann
Description: Corona
Ring Gauge: 42
Length: 5 1/2" (140 mm)
Comments: This H. Upmann is bursting with complex coffee, roasted nut and tobacco flavors.
U.K. Price: £6.05

Rating: **90**
Brand: **Bolivar**
Description: **Corona**
Ring Gauge: 42
Length: 5 1/2" (140 mm)
Comments: This cigar has gorgeous floral and sweet, spicy aromas. With its opulent oily brown wrapper, it's very rich, with a peppery, roasted nut character and a luxuriant finish.
U.K. Price: £6.04

Rating: **90**
Brand: **Cohiba**
Description: **Siglo II**
Ring Gauge: 42
Length: 5" (127 mm)
Comments: Another beautiful cigar with loads of earthy, spicy character. Like other Cohibas, this one is full-bodied and rich in flavor, with a long aftertaste.
U.K. Price: £8.50

Rating: **90**
Brand: **Romeo y Julieta**
Description: **Corona**
Ring Gauge: 42
Length: 5 1/2" (140 mm)
Comments: This cigar delivers an abundance of rich aromas and flavors of spices and coffee, yet maintains a wonderful elegance.
U.K. Price: £6.05

Rating: **89**
Brand: **Hoyo de Monterrey**
Description: **Corona**
Ring Gauge: 42
Length: 5 1/2" (140 mm)
Comments: This cigar has a very smooth, oily, light-brown wrapper. It smokes evenly with a beautiful ash. Medium-bodied with loads of spicy, nutty flavors.
U.K. Price: £6.04

Rating: **89**
Brand: **Punch**
Description: **Corona**
Ring Gauge: 42
Length: 5 1/2" (140 mm)
Comments: Smooth and rich with gorgeous flavors of pepper, spice and cream that go on and on in the aftertaste.
U.K. Price: £6.04

Rating: **87**
Brand: **Ramon Allones**
Description: **Corona**
Ring Gauge: 42
Length: 5 1/2" (140 mm)
Comments: A rich yet subtle corona with an intense chocolate and nutmeg character and a long, mellow finish. Slightly difficult to draw.
U.K. Price: £6.04

Rating: **86**
Brand: **El Rey del Mundo**
Description: **Corona**
Ring Gauge: 42
Length: 5 1/2" (140 mm)
Comments: This cigar's handsome, dark wrapper burns rather quickly, but fills your mouth with wonderful spicy and peppery flavors.
U.K. Price: £6.20

Rating: **86**
Brand: **Montecristo**
Description: **No. 3**
Ring Gauge: 42
Length: 5 1/2" (140 mm)
Comments: A very enjoyable cigar with a complex blend of nutty and cedar flavors, but the slight flaws in the wrapper and an uneven burn lessen the pleasure.
U.K. Price: £6.96

Rating: **86**
Brand: **Partagas**
Description: **Corona**
Ring Gauge: 42
Length: 5 1/2" (140 mm)
Comments: This cigar takes five or ten minutes to get going, but once started it is a delicious smoke with loads of coffee and dark chocolate aromas and flavors.
U.K. Price: £6.36

Rating: 83
Brand: Hoyo de Monterrey
Description: Le Hoyo Du Roi
Ring Gauge: 42
Length: 5 1/2" (140 mm)
Comments: A good cigar, but slightly disappointing, with a tough draw and little flavor.
U.K. Price: £6.15

ROBUSTO

Rating: 95
Brand: Bolivar
Description: Royal Coronas
Ring Gauge: 50
Length: 5" (127 mm)
Comments: A powerful, spicy smoke with the rich, earthy flavor of leather, sweet spices like cinnamon and nutmeg, and a dash of chocolate. It delivers a smooth, nutty, long-lasting finish.
U.K. Price: £6.08

Rating: 94
Brand: Hoyo de Monterrey
Description: Epicure No. 2
Ring Gauge: 50
Length: 5" (127 mm)
Comments: A rich, full-bodied smoke filled with solid spice, sweet coffee-bean and cocoa-bean flavors and a long spicy finish.
U.K. Price: £6.64

Rating: 93
Brand: Flor de Cano
Description: Short Churchill
Ring Gauge: 50
Length: 5" (127 mm)
Comments: A rich, full-flavored smoke with lots of spice and cinnamon, and mild cocoa bean flavors.
U.K. Price: N/A

Rating: 92
Brand: Cohiba
Description: Robusto
Ring Gauge: 50
Length: 5" (127 mm)
Comments: This cigar's wrapper has a nice sheen. It is a rich smoke that smooths out quickly to full-bodied, earthy flavors of nutmeg and cocoa with a long spicy finish.
U.K. Price: £10.12

Rating: 90
Brand: Ramon Allones
Description: Specially Selected
Ring Gauge: 50
Length: 5" (127 mm)
Comments: A rich, full-bodied cigar with spice and coffee flavors, and a nice nut and cedar finish.
U.K. Price: £5.96

Rating: 89
Brand: Romeo y Julieta
Description: Exhibicion No. 4
Ring Gauge: 48
Length: 5" (127 mm)
Comments: This cigar has a strong, earthy component with leather and pepper flavors, and a long, spicy finish.
U.K. Price: £6.30

Rating: 88
Brand: Partagas
Description: Series D No. 4
Ring Gauge: 50
Length: 5" (127 mm)
Comments: A solid, rich cigar with a mellow spiciness and coffee flavors. A good balance on the finish. Can be slow to start.
U.K. Price: £6.52

PANATELA

Rating: 91
Brand: Montecristo
Description: Especial No. 2
Ring Gauge: 38
Length: 6" (152 mm)
Comments: A smooth, medium-bodied, mellow smoke with flavors of nutmeg. A dried-citrus/spice character builds as the cigar burns.
U.K. Price: £7.35

Rating: 89
Brand: Cohiba
Description: Corona Especial
Ring Gauge: 38
Length: 6" (152 mm)
Comments: A firm, well-made cigar that produces well-rounded flavors of spices and nuts. It has a solid tobacco character with an earthy, chocolaty finish.
U.K. Price: £11.35

Rating: 88
Brand: Punch
Description: Ninfas
Ring Gauge: 38
Length: 7" (178 mm)
Comments: This cigar has toasty aromas and smooth, full-bodied flavors with touches of cedar and spice.
U.K. Price: £4.85

Rating: 86
Brand: Hoyo de Monterrey
Description: Le Hoyo Du Dauphin
Ring Gauge: 38
Length: 6" (152 mm)
Comments: A spicy, peppery cigar with an easy elegance and a firm draw.
U.K. Price: £6.48

Rating: 86
Brand: Montecristo
Description: Especial
Ring Gauge: 38
Length: 7 1/2" (191 mm)
Comments: This is a smooth-tasting
cigar with solid notes of pepper and
spice and a pleasant cedar finish.
U.K. Price: £9.15

Rating: 85
Brand: Romeo y Julieta
Description: Shakespeare
Ring Gauge: 28
Length: 6 1/2" (165 mm)
Comments: This cigar has some solid,
spicy notes, but draws a bit hot
from a slightly loose fill.
U.K. Price: £4.20

Rating: 84
Brand: Romeo y Julieta
Description: Belvedere
Ring Gauge: 39
Length: 5 1/2" (140 mm)
Comments: A pleasant cigar with
some wood flavors and spicy notes.
Tight on the draw.
U.K. Price: £4.50

Rating: 83
Brand: Cohiba
Description: Lancero
Ring Gauge: 38
Length: 7" (178 mm)
Comments: This cigar was too tight.
Great tobacco flavors, but the draw is
simply too hard to smoke.
U.K. Price: £14.10

Rating: 83
Brand: El Rey del Mundo
Description: Elegante
Ring Gauge: 28
Length: 6 3/4" (171 mm)
Comments: Has a nice, oily brown wrap-
per that holds a solid, spicy-nut core of
flavors, but otherwise this smoke is a bit
bland and one-dimensional.
U.K. Price: £4.05

FIGURADO

Rating: 96
Brand: Romeo y Julieta
Description: Fabuloso
Ring Gauge: 47
Length: 9" (229 mm)
Comments: Superbly crafted, and it
burns perfectly. Rich and teeming
with tobacco character, the Fabuloso
remains elegant and refined.
U.K. Price: £15

Rating: 95
Brand: Montecristo
Description: "A"
Ring Gauge: 47
Length: 9 1/2" (241 mm)
Comments: Wonderfully crafted, with a deep-colored, smooth wrapper. It burns perfectly and delivers rich yet mellow coffee and cedar flavors.
U.K. Price: £18.70

Rating: 94
Brand: Montecristo
Description: No. 2
Ring Gauge: 52
Length: 6 1/8" (152 mm)
Comments: The benchmark torpedo. It is loaded with rich, complex flavors such as cinnamon, with strong full-bodied notes of chocolate and leather, and a long spicy finish.
U.K. Price: £9.80

Rating: 92
Brand: Diplomaticos
Description: No. 2
Ring Gauge: 52
Length: 6 1/8" (155 mm)
Comments: A well-balanced cigar with a strong earthy characteristic and a complex core of spicy flavors that ends in a long finish.
U.K. Price: N/A

Rating: 92
Brand: Punch
Description: Diademas Extra
Ring Gauge: 47
Length: 9" (229 mm)
Comments: The Diademas Extra has a beautiful, oily wrapper and is superbly made. It smokes wonderfully and shows loads of spicy, peppery and nutty character yet remains very refined.
U.K. Price: N/A

Rating: 90
Brand: Bolivar
Description: Belicoso Fino
Ring Gauge: 52
Length: 5 1/2" (140 mm)
Comments: A beautiful small torpedo. This full-bodied smoke has a strong spiciness and sweet earthy quality with a pleasant tangy finish.
U.K. Price: £8.25

Rating: 90
Brand: Romeo y Julieta
Description: Belicoso
Ring Gauge: 52
Length: 5 1/2" (140 mm)
Comments: It draws well and is full-bodied, with a rich, peppery, punchy character and a long finish.
U.K. Price: £7.32

Send for Your Subscription to
CIGAR AFICIONADO Magazine

CIGAR AFICIONADO is the world's authority on buying, storing, and smoking premium hand-rolled cigars. Whether you are new to cigar smoking or an old hand, we will help you derive more satisfaction from this time-honored indulgence than you might have thought possible. We'll also travel the world to take you to the best cigar-friendly restaurants you can find, and the finest hotels and resorts. Plus you'll meet fascinating personalities who know a good cigar when they light one.

Won't you join us over a good smoke? Send for your first issue today. Four issues just $26.95 (in U.S. funds). In Canada, $20.95 (in U.S. funds).

Write to: **CIGAR AFICIONADO**
P.O. BOX 51091
BOULDER, COLORADO 80322
U.S.A.
OR FAX: **212-481-0722**

Rating: 89
Brand: H. Upmann
Description: No. 2
Ring Gauge: 52
Length: 6 1/8" (152 mm)
Comments: A full-bodied smoke with flavors of cocoa bean and nutmeg, and a strong nutty core. A smooth, peppery finish. It is a little young.
U.K. Price: £8.40

Rating: 88
Brand: El Rey del Mundo
Description: Grandes De Espana
Ring Gauge: 38
Length: 7 1/2" (191 mm)
Comments: Extremely well-crafted and easy to draw. Medium-bodied with rich, nutty, coffee aromas and flavors and a lingering aftertaste.
U.K. Price: N/A

Rating: 87
Brand: La Gloria Cubana
Description: Medaille d'Or No. 1
Ring Gauge: 36
Length: 7 1/8" (180 mm)
Comments: Hard to draw, but it burns evenly and delivers light coffee and clove aromas and flavors.
U.K. Price: N/A

***Rating:* 87**
Brand: *Romeo y Julieta*
Description: **Celestial Fino**
Ring Gauge: 46
Length: 5" (127 mm)
Comments: It looks a little coarse in its rough wrapper, but this pyramid smokes well, with an enticing rosemary and spice character and a smooth texture.
U.K. Price: £7.00

***Rating:* 86**
Brand: **Sancho Panza**
Description: **Belicoso**
Ring Gauge: 52
Length: 5 1/2" (140 mm)
Comments: A well-made cigar that has an herbal aroma and leather and spice flavors, but it finishes a little dry.
U.K. Price: £8.25

***Rating:* 84**
Brand: **Partagas**
Description: **Presidente**
Ring Gauge: 47
Length: 6 1/8" (152 mm)
Comments: This cigar shows extreme youth and some inconsistency in the draw. But it has a rich, spicy core of flavors.
U.K. Price: N/A

PETIT CORONA

Rating: 93
Brand: Cohiba
Description: Siglo I
Ring Gauge: 40
Length: 4" (102 mm)
Comments: A lot of flavor in a small cigar. Beautifully crafted with a rich chocolate wrapper, it is soft-textured and sumptuous to smoke, with dark chocolate and spice aromas and flavors.
U.K. Price: £6.00

Rating: 89
Brand: Montecristo
Description: No. 4
Ring Gauge: 42
Length: 5" (127 mm)
Comments: A perfumed aroma makes this an attractive cigar. It has smooth, round flavors of herbs and spices, and is full-bodied.
U.K. Price: £5.75

Rating: 89
Brand: Partagas
Description: Petit Corona
Ring Gauge: 42
Length: 5" (127 mm)
Comments: A beautiful, oily wrapper leads to a smoke with excellent leather and sweet spice flavors. It has a light, smooth finish.
U.K. Price: £5.50

Rating: 89
Brand: Romeo y Julieta
Description: Petit Corona
Ring Gauge: 42
Length: 5" (127 mm)
Comments: An elegant cigar with rich, spicy flavors. It is well-made and rich-looking, and has a long, full-bodied finish.
U.K. Price: £5.20

Rating: 87
Brand: Bolivar
Description: Petit Corona
Ring Gauge: 42
Length: 5" (127 mm)
Comments: A well-made, medium-bodied cigar with a good draw. It has some strong elements of coffee and a hint of spice, but it has a flat finish.
U.K. Price: £5.50

Rating: 86
Brand: Hoyo de Monterrey
Description: Le Hoyo du Prince
Ring Gauge: 40
Length: 5" (127 mm)
Comments: A decent cigar with some nice toasty aromas. The flavors tend toward cedar and sweet spices.
U.K. Price: £5.55

Rating: 86
Brand: Punch
Description: Royal Selection No. 12
Ring Gauge: 42
Length: 5 1/2" (140 mm)
Comments: A cigar with a very sweet flavor profile that includes butterscotch and burnt caramel. It has a very woody component on the finish.
U.K. Price: £5.20

Rating: 85
Brand: Sancho Panza
Description: Non Plus
Ring Gauge: 42
Length: 5" (127 mm)
Comments: Although this cigar shows some nice flavors of coffee and cream, it lacks complexity and depth in its medium-bodied smoke.
U.K. Price: N/A

Rating: 84
Brand: Quintero
Description: Medias Coronas
Ring Gauge: 40
Length: 5" (127 mm)
Comments: This cigar showed some rough construction, but it has nice flavors of sweet spice and dry cedar wood.
U.K. Price: N/A

Rating: **82**
Brand: **H. Upmann**
Description: **Petit Coronas**
Ring Gauge: 42
Length: 5" (127 mm)
Comments: A cigar with a very tight draw. Although it has some nice citrus-style flavors, it ends up lacking complexity.
U.K. Price: £5.50

Rating: **81**
Brand: **Fonseca**
Description: **Cosacos**
Ring Gauge: 42
Length: 5 1/3" (135 mm)
Comments: Has a very rough, unattractive wrapper. The cigar is loosely filled, and has a grassy, sour flavor.
U.K. Price: N/A

CUBAN CIGARS BY BRAND

CIGAR	CATEGORY	SIZE	RATING
BOLIVAR			
Belicoso Fino	Figurado	5 1/2" (140 mm) x 52	90
Corona	Corona	5 1/2" (140 mm) x 42	90
Corona Extra	Corona Gorda	5 3/4" (146 mm) x 46	83
Corona Gigantes	Churchill	7" (178 mm) x 47	90
Gold Medal	Lonsdale	6 1/2" (165 mm) x 42	90
Petit Corona	Petit Corona	5" (127 mm) x 42	87
Royal Coronas	Robusto	5" (127 mm) x 50	95
COHIBA			
Corona Especial	Panatela	6" (152 mm) x 38	89
Esplendidos	Churchill	7" (178 mm) x 47	89
Lancero	Panatela	7" (178 mm) x 38	83
Robusto	Robusto	5" (127 mm) x 50	92
Siglo I	Petit Corona	4" (102 mm) x 40	93
Siglo II	Corona	5" (127 mm) x 42	90
Siglo III	Lonsdale	6" (152 mm) x 42	95
Siglo IV	Corona Gorda	6" (152 mm) x 46	89
Siglo V	Lonsdale	6 3/4" (171 mm) x 43	96

CIGAR	CATEGORY	SIZE	RATING
DIPLOMATICOS			
No. 2	Figurado	6 1/8" (155 mm) x 52	92
EL REY DEL MUNDO			
Corona	Corona	5 1/2" (140 mm) x 42	86
Elegante	Panatela	6 3/4" (171 mm) x 28	83
Grandes De Espana	Figurado	7 1/2" (191 mm) x 38	88
Lonsdale Maduro	Lonsdale	6 1/2" (165 mm) x 42	91
Tainos	Churchill	7" (178 mm) x 47	87
FLOR DE CANO			
Diademas	Churchill	7" (178 mm) x 47	89
Short Churchill	Robusto	5" (127 mm) x 50	93
FONSECA			
Cosacos	Petit Corona	5 1/3" (135 mm) x 42	81
H. UPMANN			
Corona	Corona	5 1/2" (140 mm) x 42	91
Lonsdale	Lonsdale	6 1/2" (165 mm) x 42	90
Magnum	Corona Gorda	5 1/2" (140 mm) x 46	88
No. 2	Figurado	6 1/8" (152 mm) x 52	89
Petit Coronas	Petit Corona	5" (127 mm) x 42	82

Cigar	Category	Size	Rating
Hoyo de Monterrey			
Churchill	Churchill	7" (178 mm) x 47	88
Corona	Corona	5 1/2" (140 mm) x 42	89
Double Corona	Double Corona	7 5/8" (193 mm) x 49	96
Epicure No. 1	Corona Gorda	5 3/4" (146 mm) x 46	92
Epicure No. 2	Robusto	5" (127 mm) x 50	94
Le Hoyo des Dieux	Lonsdale	6" (152 mm) x 42	89
Le Hoyo du Dauphin	Panatela	6" (152 mm) x 38	86
Le Hoyo du Prince	Petit Corona	5" (127 mm) x 40	86
Le Hoyo du Roi	Corona	5 1/2" (140 mm) x 42	83
La Gloria Cubana			
Medaille d'Or No. 1	Figurado	7 1/8" (180 mm) x 36	87
Medaille d'Or No. 2	Lonsdale	6 5/8" (168 mm) x 43	85
Montecristo			
"A"	Figurado	9 1/2" (241 mm) x 47	95
Especial	Panatela	7 1/2" (191 mm) x 38	86
Especial No. 2	Panatela	6" (152 mm) x 38	91
No. 1	Lonsdale	6 1/2" (165 mm) x 42	90
No. 2	Figurado	6 1/8" (152 mm) x 52	94

CIGAR	CATEGORY	SIZE	RATING
No. 3	Corona	5 1/2" (140 mm) x 42	86
No. 4	Petit Corona	5" (127 mm) x 42	89
PARTAGAS			
Corona	Corona	5 1/2" (140 mm) x 42	86
Lusitania	Double Corona	7 5/8" (193 mm) x 49	92
No. 1	Lonsdale	6 1/2" (165 mm) x 42	92
Petit Corona	Petit Corona	5" (127 mm) x 42	89
Presidente	Figurado	6 1/8" (152 mm) x 47	84
Series D No. 4	Robusto	5" (127 mm) x 50	88
PUNCH			
Churchill	Churchill	7" (178 mm) x 47	91
Corona	Corona	5 1/2" (140 mm) x 42	89
Diademas Extra	Figurado	9" (229 mm) x 47	92
Double Corona	Double Corona	7 5/8" (193 mm) x 49	91
Ninfas	Panatela	7" (178 mm) x 38	88
Punch	Corona Gorda	5 1/2" (140 mm) x 46	89
Royal Selection No. 12	Petit Corona	5 1/2" (140 mm) x 42	86
QUAI D'ORSAY			
Imperiales	Churchill	7" (178 mm) x 47	90

CIGAR	CATEGORY	SIZE	RATING
QUINTERO			
Churchill	Lonsdale	6 1/2" (165 mm) x 42	92
Medias Coronas	Petit Corona	5" (127 mm) x 40	84
RAFAEL GONZALES			
Lonsdale	Lonsdale	6 1/2" (165 mm) x 42	91
RAMON ALLONES			
Corona	Corona	5 1/2" (140 mm) x 42	87
Gigantes	Double Corona	7 5/8" (193 mm) x 49	94
Specially Selected	Robusto	5" (127 mm) x 50	90
ROMEO Y JULIETA			
Belicoso	Figurado	5 1/2" (140 mm) x 52	90
Belvedere	Panatela	5 1/2" (140 mm) x 39	84
Celestial Fino	Figurado	5" (127 mm) x 46	87
Churchill	Churchill	7" (178 mm) x 47	92
Corona	Corona	5 1/2" (140 mm) x 42	90
Exhibicion No. 3	Corona Gorda	5 1/2" (140 mm) x 46	91
Exhibicion No. 4	Robusto	5" (127 mm) x 48	89
Fabuloso	Figurado	9" (229 mm) x 47	96

CIGAR	CATEGORY	SIZE	RATING
Petit Corona	Petit Corona	5" (127 mm) x 42	89
Shake-speare	Panatela	6 1/2" (165 mm) x 28	85

SAINT LUIS REY

Churchill	Churchill	7" (178 mm) x 47	93
Lonsdale	Lonsdale	6 1/2" (165 mm) x 42	85

SANCHO PANZA

Belicoso	Figurado	5 1/2" (140 mm) x 52	86
Molinas	Lonsdale	6 1/2" (165 mm) x 42	87
Non Plus	Petit Corona	5" (127 mm) x 42	85

VINTAGE CIGARS

For a special report in the Winter 1993/94 issue, *Cigar Aficionado* tasted 14 aged Cuban cigars, mostly from the late 1950s. There was not a poor one in the bunch.

A cigar more than 10 years old may be slightly hard and dry compared with a fresh one; thus, proper storage is especially important for older cigars. But once they are lit, and an inch or two of ash develops, they soften, giving a clean, fresh flavor.

All of the vintage cigars tasted offered a finesse and a subtle depth of character we seldom find in cigars currently available on the market. Here's how they rated:

RATING	BRAND	SIZE
98	Montecristo No. 1 Seleccion Suprema	6 1/2" (165 mm) x 42
97	Romeo y Julieta Seleccion Suprema Cedro	6 1/2" (165 mm) x 42
97	Cabanas No. 751 Alfred Dunhill	6 1/2" (165 mm) x 42
95	H. Upmann No. 4 Alfred Dunhill	6 1/2" (165 mm) x 46
95	H. Upmann No. 22 Seleccion Suprema	4 1/2" (114 mm) x 55
93	Partagas No. 6 Seleccion Superba	4 1/2" (114 mm) x 40
93	La Corona Churchill	6 1/2" (165 mm) x 46
92	Montecristo No. 4 Seleccion Suprema	5" (127 mm) x 42
92	Flor de Farach Palmeras	5" (127 mm) x 38
92	Belinda Belindas	5 1/2" (140 mm) x 42
89	Romeo y Julieta Sun-Grown Brevas	5 1/2" (140 mm) x 44
89	Ramon Allones Ideales	6 1/2" (165 mm) x 40
87	Ramon Allones No. 66 (perfecto)	6" (152 mm) x na
86	Henry Clay Coronas	5 1/2" (140 mm) x 42

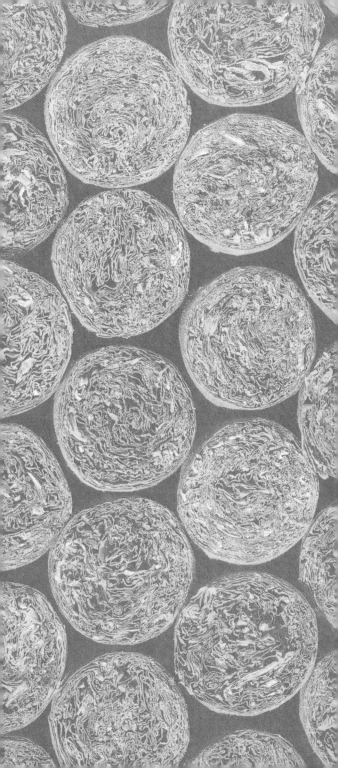

Cigar Aficionado's

GUÍA PARA EL

COMPRADOR DE HABANOS

M. Shanken Communications, Inc.
New York

Publicado por
M. Shanken Communications, Inc.
387 Park Avenue South
New York, New York 10016

ISBN 1-881659-30-5

Copyright 1995 propiedad de M. Shanken Communications, Inc.
Todos los derechos reservados.

Ninguna parte de esta publicación se podrá reproducir, almace-
nar en un sistema de recuperación de datos, ni transmitir de
ninguna otra forma o por otro medio (electrónico, mecánico,
fotocopiado, grabación o de cualquier otro modo) sin el permiso
previo del titular del derecho de autor.

Fotografía de la tapa por Dan Wagner

Hecho en los Estados Unidos de Norteamérica.

Índice

INTRODUCCIÓN

Esta GUÍA PARA EL COMPRADOR DE HABANOS se ha preparado especialmente para los conocedores de puros.

Los aficionados a los puros de todo el mundo sienten una atracción especial por los habanos. Aunque hoy también se fabrican puros excelentes en otros países, el legendario tabaco cubano exige atención y respeto, y el placer de un gran habano enrollado a mano continúa siendo una experiencia insuperable para quienes se dedican al buen fumar.

La revista *Cigar Aficionado* ha clasificado todas las principales marcas de habanos, y casi todos los tamaños. En estas páginas encontrará las clasificaciones y comentarios sobre las cataduras de la revista. En esta lista figuran más de 80 puros.

También hemos creado una lista completa de las tabaquerías de la zona de La Habana. El lector encontrará direcciones y números de teléfono de toda tabaquería que mantiene existencias dignas de tener en cuenta. También se incluyen recomendaciones sobre un número selecto de hoteles y restaurantes.

Nada se asemeja al placer de caminar por una calle de la Vieja Habana fumando uno de los puros ejemplares de Cuba. Es la cúspide del placer de fumar puros. Mejor aún, se sabe que a la vuelta de la esquina, le espera otra fábrica o tienda donde podrá adquirir otro puro inolvidable.

Marvin R. Shanken
Director y Editor de
Cigar Aficionado

CUBA, LA HABANA Y LOS HABANOS

HISTORIA

Nadie sabe con seguridad cuándo, por primera vez, los habitantes nativos de Cuba comenzaron a cultivar y curar el tabaco y a enrollar las anchas hojas de la planta para formar puros. Lo que sí sabemos es que la costumbre ya existía antes del fatídico viaje de Cristóbal Colón en búsqueda de una ruta marina hacia la India y los lucrativos centros comerciales del Lejano Oriente. El 29 de octubre de 1492, cuando Colón echó las anclas por primera vez en la Bahía de Gibara, descubrió no sólo lo que se convertiría posteriormente en la joya del Caribe (Cuba), sino también hombres y mujeres nativos que fumaban una forma rústica de lo que llegaría a conocerse en todo el mundo como los habanos.

Gracias a Cristóbal Colón, el tabaco y los puros pronto se pusieron muy en boga en la lejana España. De hecho, su popularidad llegó a tal punto que ocasionó la prohibición de la producción de puros en Cuba. Por decreto real, todo el tabaco cultivado en la isla debía enviarse a la Real Factoría de Sevilla para su manufactura, con lo que se robó a los cubanos lo que había sido su derecho natural durante casi tres siglos. (Se cree que los españoles desarrollaron los métodos de manufactura y dise-

ños de los puros que se fuman en nuestros días). Y
no fue sino hasta alrededor de 1800 en que los
cubanos recuperaron el derecho de manufacturar
puros. La primera fábrica de alguna importancia
en La Habana fue Hija de Cabanas y Carvajal, fun-
dada en 1810. Otras le sucedieron rápidamente, y
para 1855 había más de 1000 fábricas en la isla produciendo casi 360 millones de puros al año.

La época dorada de los habanos se dio a mediados del siglo XIX. Muchas de las mejores marcas
de habanos del mundo, como Romeo y Julieta, H.
Upmann, Montecristo y Partagas (para citar tan
sólo algunas) datan de ese período. Famosos por
su rico tabaco de gran sabor y por la alta calidad de
su manufactura, los habanos se hicieron muy codi-
ciados en Europa y los Estados Unidos.

Pero las guerras comerciales, las recesiones y los
disturbios políticos y sociales pronto hicieron estra-
gos. Hacia fines del siglo pasado, quedaban unas
120 fábricas de puros en Cuba, y la mayor parte de la cosecha de tabaco se exportaba a productores de los Estados Unidos y Europa. Esta situación conti-
nuó deteriorán-

JAMES SUCKLING

El trabajo en una plantación de tabaco.

4

dose durante las primeras décadas del siglo XX y no fue sino hasta la Segunda Guerra Mundial que la industria comenzó a resucitar.

El éxito de la Revolución Cubana de 1959 precipitó el deterioro de la producción tabacalera y manufactura de habanos de la isla. Las expropiaciones de tierras y fábricas devastaron la producción, y muchos de los más grandes productores de tabacos finos y puros hechos a

Un hábil enrollador de puros en la fabrica Partagas.

JON WYAND

mano huyeron del país. Los exilados de la industria de los puros, que incluyen nombres tan famosos como las familias Palicio, Cifuentes y Menéndez, se llevaron consigo conocimientos y una experiencia inestimable. En 1962, el año en que EE.UU. impuso un embargo comercial a todo producto cubano, las exportaciones de habanos bajaron de manera espectacular.

Desde esa época hasta mediados de la década de los ochenta, la industria tabacalera cubana estuvo en constante estado de cambio. La escasez de mano de obra calificada, desastres naturales, malas cosechas y decisiones comerciales cuestionables fueron factores que desempeñarón un papel. Aunque la demanda de habanos se mantuvo relati-

vamente alta, el embargo estadounidense y la creciente competencia de los fabricantes de puros de la República Dominicana, Centroamérica y otros países hicieron mella en la industria Cubana.

Los fabricantes de habanos se reconfortan hoy en el conocimiento de que la calidad del tabaco es una de sus verdaderas ventajas. En años recientes, se ha hecho gran progreso en el mantenimiento de normas de calidad altas y constantes. Esto es particularmente cierto en las famosas regiones tabacaleras de Cuba, donde hoy se encuentran las más altas normas de cultivo del mundo.

Aunque hay alrededor de una docena de zonas tabacaleras en Cuba, sin duda la más importante de todas es la de Vuelta Abajo, en la provincia Pinar del Río. Aquí el clima, la lluvia y la condición del suelo son ideales para la producción del tabaco. En Vuelta Abajo se ha plantado tabaco en más de 40,000 hectáreas hasta el momento, y se están abriendo nuevos campos. La zona de Semivuelta, la otra región tabacalera importante en Pinar del Río, es afamada por sus hojas más gruesas y de sabor maduro. La región del Partido en la provincia de La Habana también se considera una región de cultivos de calidad superior. La mayoría de las otras regiones tabacaleras de Cuba, inclusive las regiones de Oriente y Remedios, producen tabacos que no se consideran verdaderamente adecuados para la manufactura de puros de primera calidad.

Actualmente, seis fábricas de La Habana — H. Upmann, Partagas, Romeo y Julieta, La Corona, El Laguito y El Rey del Mundo — fabrican la mayor parte de los habanos de calidad de exportación en Cuba. Estas fábricas reciben los mejores tabacos y emplean a los mejores enrolladores que tiene la isla.

JON WYAND

Partagas es la fábrica de habanos más antigua de Cuba, habiéndose inaugurado en 1845.

Cada una tiene una producción anual aproximada de unos 5 millones de puros enrollados a mano de primera calidad, una cifra baja en comparación con los principales productores de la República Dominicana y Honduras. En Cuba, la elaboración del tabaco y la manufactura del puro se consideran tradiciones muy respetadas, y la técnica utilizada en el proceso de producción de todas las fábricas de La Habana se ha mantenido prácticamente igual a la de hace un siglo.

La década de los noventa posiblemente pase a la historia como una segunda época de oro de los habanos. Se están ampliando las plantaciones de tabaco y las exportaciones se están incrementando de nuevo. La toma de conciencia de que la calidad y la reputación son inseparables ha hecho poner en práctica controles más estrictos en los campos de cultivo, los almacenes de cura y añejamiento y las fábricas. Las presiones económicas y la necesidad de capital han llevado al gobierno a abrir las puertas a la inversión extranjera. Por primera vez, muchos de los grandes fabricantes de habanos que huyeron después de la revolución consideran seriamente la posibilidad de tornar una parte de su producción a la isla. Y el embargo de los EE.UU. — hoy en día considerado como símbolo de una

política exterior anticuada — podría eventual-
mente levantarse.

A pesar de los altibajos de muchos años, los
habanos han conservado la reputación de alta calidad en sabor y manufactura que su nombre impli-
ca. Verdaderamente no se puede concebir un placer mayor que pasar el tiempo descansando con un
Cohiba, Romeo y Julieta, Montecristo u otros de
los grandes puros de esa ciudad.

LA COMPRA DE HABANOS EN LA HABANA

Si hay algo que ha hecho famosa a La Habana
en todo el mundo, son sus excelentes puros. De
hecho, los habanos y la ciudad están tan íntimamente unidos en la mente de todo el mundo que,
para evitar confusión, la empresa estatal, comer-
cializadora y distribuidora de puros, Cubatabaco,
ha cambiado recientemente su nombre por habanos
S.A. De las seis fábricas de La Habana, la mitad
(Partagas, La Corona y H. Upmann) se concentran
en el sector antiguo de la ciudad. Las otras tres
(Romeo y Julieta, El Rey del Mundo y El Laguito)
están todas a pocos minutos de distancia por auto
del centro de la ciudad. Lamentablemente, todas
están cerradas al público con excepción de una
de ellas.

La que se puede visitar, Fábrica de Tabacos
Partagas (situada en la Calle Industria, justamente
detrás del Capitolio Nacional), es la más antigua de
las seis y es algo así como un modelo. Este año, la
fábrica celebra su sesquicentenario de fun-
cionamiento ininterrumpido. Poco ha cambiado
desde su inauguración en 1845. Aquí podrá presen-

Bryan Whitney

La Casa del Tabaco en el hotel Comodoro.

ciar la manufactura de algunos de los mejores habanos de Cuba, entre ellos el Partagas 8-9-8 y las líneas Cohiba Robusto, Espléndido y el Siglo.

Comprar habanos en La Habana misma es realmente una experiencia especial. Aunque la mayoría de las tiendas venden por caja solamente, muchos hoteles y restaurantes ofrecen humidificadores bien provistos donde podrá probar habanos a sus anchas. Debido a la alta demanda los habanos se encuentran a menudo en lista de pedidos pendientes de surtir. Pero si una tienda no tiene uno de los artículos de su lista, otra podría tenerlo, y como los precios pueden variar hasta en un 20 por ciento entre tienda y tienda, vale la pena comparar los precios en diversas tiendas antes de comprar.

Tres de las mejores tabaquerías de La Habana están en el sector antiguo de la ciudad. De éstas, la más impresionante es la tienda de la fábrica Partagas, que es propiedad de habanos S.A. y está bajo su administración. La tienda tiene un salón o cuarto humidificador bien provisto y suficientemente grande como para recibir a huéspedes distinguidos. Debido al nutrido comercio turístico, los precios aquí son ostentosamente más altos que

en la mayoría de las otras tiendas. Sin embargo, es un lugar ideal para comprar cuando escasea el tiempo (aun con los precios relativamente elevados, éstos continúan siendo módicos). Otra buena tabaquería antigua es el Palacio del Tabaco, en la planta baja de la fábrica La Corona en la Calle Agramonte (frente al Museo de la Revolución). Esta elegante tienda que se acaba de inaugurar es muy limpia, fresca y cordial. Tiene hasta un bar donde puede tomar un espresso o una bebida fría mientras contempla sus compras. Es también un buen lugar para observar al enrollador; la mayoría de las veces se lo encuentra trabajando diligentemente haciendo un Doble Coronas de Hoyo de Monterrey, un habano que ha enrollado desde hace varias décadas.

Si en estos lugares no ha encontrado lo que busca, pruebe las pequeñas tabaquerías sencillas de la oficina de Infotur, en la planta baja del edificio Manzana de Gómez ubicado cerca del Parque Central (justamente frente al Hotel Plaza), que a menudo tienen habanos difíciles de encontrar. También cerca, en el Palacio de Artesanías, ubicado frente a los muelles, hay una tiendita en el fondo del patio. Es de aspecto rústico y más bien descuidado, pero Peter Napolis supervisa el negocio con ojo avizor y mantiene una buena provisión de los mejores habanos disponibles en la isla.

En el extremo opuesto de la ciudad está la famosa tabaquería La Casa de 5 y 16, ubicada en la planta superior de una antigua mansión de Miramar, en la esquina de la Quinta Avenida y la Calle 16. Esta tienda, conocida por sus ventas a granel a personalidades del mundo, tiene una excelente selección a buenos precios. Aquí puede

Los huéspedes disfrutan la comida y el espectáculo en el restaurante La Cecilia.

BRYAN WHITNEY

alquilar un casillero con llave en el salón humidificador para guardar sus compras durante sus viajes a La Habana. Más allá, en Miramar (en la esquina de la Tercera Avenida y la Calle 28) hay otra tabaquería llamada el Palacio del Tabaco. Si bien es pequeña, se le recomienda como buen lugar para encontrar los habanos que no ofrecen las otras tabaquerías. También está la Casa del Tabaco El Corojo, ubicada detrás del vestíbulo del Hotel Melía Cohiba. Esta tienda nueva, limpia, bien provista y eficientemente administrada, es un lugar ideal para comprar habanos, especialmente si se aloja en el hotel.

No se olvide de los otros grandes hoteles de la ciudad. Tanto el Nacional como el Comodoro, en Miramar, tienen humidificadores bien provistos. En una visita reciente, el primero fue el único lugar que tenía habanos Doble Corona que son casi imposibles de encontrar en otras partes. Para encontrar esta tienda hay que subir por una escalera estrecha ubicada en un extremo del vestíbulo. La tienda del Comodoro es más abierta y contiene una selección estándar de las marcas principales.

Una advertencia prudente: en La Habana (o en cualquier otra parte en Cuba), no compre

habanos en la calle. Es un hecho que le asedien
una y otra vez con ofertas que suenan como la
oportunidad del siglo, pero lo más probable es que
en la gran mayoría de los casos cualquier puro que
compre en la calle no será genuino. Pueden llevar
los sellos oficiales y estar en las cajas reglamen-
tarias, pero nadie le va a vender auténticos Cohiba
Espléndidos (que tienen un valor de venta de 270
dólares como mínimo) por 40 dólares la caja. A
estas ofertas es mejor decirles que no.

TABAQUERÍAS

CASA DEL HABANO (Fábrica Partagas) §
Industria No. 520 (Vieja Habana)
Teléfono: (537) 33 80 60

PALACIO DEL TABACO (Fábrica La Corona) §
Agramonte 106 (Vieja Habana)
Teléfono: (537) 33 83 89

INFOTUR (Manzana de Gómez)
Paseo del Prado y Neptuno (Vieja Habana)
Teléfono: (537) 63 69 60

PALACIO DE ARTESANÍAS
Cuba No. 64
Teléfono: (537) 62 44 07

LA CASA DE 5 Y 16 §
Quinta Avenida y 16 (Miramar)
Teléfono: (537) 29 40 40

PALACIO DEL TABACO
Tercera Avenida y 28 (Miramar)
Teléfono: (537) 23 33 76

BRYAN WHITNEY

TABAQUERÍAS EN LOS HOTELES:

NACIONAL §
Calles 21 y O, segundo piso

COMODORO §
Tercera Avenida y 84
(en la galería de boutiques)

TABACO EL COROJO
Melía Cohiba
Avenida Paseo

§ Recomendaciones de *Cigar Aficionado*

GUÍA BREVE
PARA VISITANTES

RESTAURANTES Y BARES

La única guía básica para beber y comer en
Cuba es la de mantener la simplicidad. Aunque casi
todos los restaurantes elegantes ofrecen comidas
internacionales, es mejor pedir siempre las bebidas
y comidas tradicionales.

Las listas de vinos han mejorado considerable-
mente estos últimos años, pero nada resulta más
atractivo ni mejor para la sed que la cerveza local
Hatuey, una cerveza lager muy sabrosa que generalmente se sirve casi a punto de congelar. Los

cócteles con ron son la especialidad de la isla, especialmente el daiquiri y el mojito (ron, azúcar, jugo de lima, menta triturada, soda y una pizca de Angostura, vertido sobre cubitos de hielo), ambos favoritos de Ernest Hemingway durante sus años en Cuba. Todos los mejores hoteles tienen por lo menos un buen bar (algunos tienen varios) donde se puede beber y fumar confortablemente. Entre éstos caben destacarse los del Cohiba, el Nacional y el Comodoro.

No es fácil comer bien en La Habana. La mayo-ría de los restaurantes reflejan la mala situación económica general y adolecen de un trato más bien displicente. Lo mismo que para los bares, algunos de los mejores restaurantes se encuentran en los mejores hoteles, donde la comida, las listas de vinos y el servicio se aproximan más a los están-dares internacionales. Pero existen algunas excepciones notables, como el trío de restaurantes de Miramar que se mencionan a continuación:

FLORIDITA
Obispo y Monserrate
Teléfono: (537) 63 11 11
Cena con vino $60

El flamante hotel Melia Cohiba.

BRYAN WHITNEY

Uno de los lugares predilectos de Hemingway, y ahora fidedignamente restaurado. Fresco y tranquilo por las tardes, concurrido de noche. Se caracteriza por los daiquiris servidos en grandes copas. El menú es sobre todo mariscos demasiado caros y el servicio es estirado.

LA BODEGUITA DEL MEDIO
Empedrado 207
Teléfono: (537) 62 44 98
Cena con cerveza $20

Otro bar de la era de Hemingway en La Habana Antigua, éste es un bar informal que está siempre lleno y sirve una cascada infinita de mojitos, Cubalibres y cervezas frías. Comidas cubanas simples, más frescas a la hora del almuerzo que de la cena.

TOCORORO §
Tercera Avenida y 18 (Miramar)
Teléfono: (537) 22 45 30
Cena con vino $65

Uno de los mejores restaurantes de Cuba, en la planta baja y el patio con jardín de una mansión neocolonial. Cocina internacional con un toque criollo.

EL RANCHÓN (La Casa de 5 y 16) §
Quinta Avenida y 16 (Miramar)
Teléfono: (537) 29 40 40
Cena con vino o cerveza $30

Restaurante jardín que sirve cocina cubana muy bien preparada. Porciones enormes; servicio informal.

LA CECILIA §
Quinta Avenida y 110 (Miramar)
Teléfono: (537) 22 07 21
Cena con vino $50

BRYAN WHITNEY

El hotel Nacional es un edificio famoso.

Buen restaurante estilo balneario en una mansión restaurada con un gran patio cubierto. Larga lista de vinos. Maestro enrollador de puros residente y música de salsa y baile por las noches.

1830
Calzada y 20 (Vedado)
Teléfono: (537) 39 90 70
Cena con vino $60

Cocina internacional de alta calidad en una enorme mansión costera. Una de las mejores listas de vino de la isla. Humidificador bien provisto.

§ Recomendaciones de *Cigar Aficionado*

HOTELES
(Nota: las tarifas pueden variar con la temporada)

MELÍA COHIBA §
Avenida Paseo
Teléfono: (537) 33 36 36
Fax: (537) 33 45 55
Tarifas de las habitaciones: De $150 a $400 por una suite

Absolutamente el mejor hotel de la isla, inaugurado en febrero de 1995. Elegante bar para fumadores, El Relicario; cuatro restaurantes inclusive Abanico

de Cristal, que sirve excelente comida basada en la cocina tradicional cubana.

NACIONAL §
Calle 21 y O
Teléfono: (537) 33 35 64
Fax: (537) 33 50 54
Tarifas de las habitaciones: De $120 a $470 por una suite
Suite Presidencial $1,055

El principal hotel durante el apogeo de La Habana antes de la Revolución Cubana, y aún hoy en día uno de los mejores hoteles, este famoso establecimiento recientemente renovado retiene un aire de contenida elegancia. Buen restaurante internacional/cubano, Comicor de Aguiar; nightclub Le Parisien.

COMODORO §
Tercera Avenida y 84 (Miramar)
Teléfono: (537) 22 55 51
Fax: (537) 22 73 79
Tarifas de las habitaciones: De $100 a $175 por una suite

Ambiente tranquilo, estilo balneario, con piscina y acceso a la playa. Recientemente renovado. Tres buenos restaurantes.

SEVILLA
55 Calle Trocadero
Teléfono: (537) 33 85 60
Fax: (537) 33 85 82
Tarifas de las habitaciones: De $84 a $157 por una suite

Ubicación céntrica convenientemente situada cerca de las cigarrerías y las fábricas. Vestíbulo de la era colonial, habitaciones recientemente renovadas, piscina en el jardín. Espectacular restaurante en la azotea.

HOTEL PLAZA
Ignacio Agramonte 267
Teléfono: (537) 62 20 06
Fax: (537) 63 96 20
Tarifas de las habitaciones: De $68 a $103 por una suite
Hotel anticuado, algo descolorido, con habitaciones adecuadas. En el espacioso bar del vestíbulo, con un ambiente del Viejo Mundo, se sirven buenos almuerzos livianos.

INGLATERRA
Prado 416
Teléfono: (537) 33 85 93
Fax: (537) 33 82 54
Tarifas de las habitaciones: De $51 a $71
El primer hotel de lujo de La Habana. Las grandes habitaciones necesitan renovación. Bar y restaurante en el vestíbulo, fresco y aireado.

VICTORIA
Calle 19 y M
Teléfono: (537) 32 65 31
Fax: (537) 33 31 09
Tarifas de las habitaciones: De $80 a $130
Una pequeña gema desconocida con el encanto de una buena posada europea. El elegante restaurante ofrece salones privados para almuerzos de negocios.

§ Recomendaciones de *Cigar Aficionado*

FORMA, TAMAÑO Y COLOR

Los cigarros puros que no son de origen cubano no son fáciles de entender. Con sólo echarle una ojeada a cualquier vitrina de tabaquería, parecería que los tamaños y las formas de cada marca tienen como fin confundir al comprador. En Cuba, sin embargo, los tamaños están más estandarizados, gracias al control de habanos S.A., anteriormente Cubatabaco, que supervisa toda la producción de puros.

Existe un vocabulario aceptado y ciertos criterios básicos que se aplican a todos los puros enrollados a mano. Los parámetros son bastante simples: marca, color del tabaco capero, tamaño y forma. Naturalmente, el país de origen es también importante, pero en Cuba hoy, virtualmente todo el tabaco que se utiliza para puros enrollados a mano se cultiva en la isla.

Comencemos con la marca. La marca es la designación dada por el fabricante a una línea particular de puros. Punch, Partagas, Hoyo de Monterrey son sólo algunas de las marcas cubanas más conocidas. Estos nombres se encuentran en la banda del puro, que generalmente se envuelve alrededor de la "cabeza", o extremo cerrado del puro.

Sin embargo, si usted está en un país donde se ofrecen puros tanto cubanos como no cubanos, hasta estas marcas tan conocidas pueden ser causa de confusión. Algunas marcas se produjeron inicialmente en Cuba; pero después de la revolución

castrista en 1959, muchos fabricantes de puros huyeron de la isla pensando que se podían llevar con ellos sus propias marcas. Pero los cubanos arguyeron que las marcas le pertenecían al país. De manera que hoy tenemos un Punch que se hace en Cuba y otro en Honduras; un Partagas de Cuba y un Partagas de la República Dominicana. El problema del origen doble afecta también a Romeo y Julieta, La Gloria Cubana, Fonseca, H. Upmann y El Rey del Mundo, Cohiba y Montecristo.

En Cuba hoy, virtualmente todo el tabaco que se utiliza para puros enrollados a mano se cultiva en la isla.

Generalmente se puede determinar cuál es cuál por una pequeña inscripción de habano o Habana en la banda.

El color se refiere al tono del tabaco capero. En el pasado, los fabricantes usaban docenas de términos para el tabaco capero que se cultivaba en Cuba, Sumatra, Brasil y los Estados Unidos; los fabricantes de puros estadounidenses a menudo describían de ocho a diez tonos diferentes. Hoy se usan seis tonos principales de color. Y el tabaco

Doble Claro   *Claro*   *Colorado Claro*   *Colorado*

capero se cultiva no sólo en los países mencionados anteriormente, sino también en Ecuador, Nicaragua, Honduras y Camerún. En Cuba, todos los puros utilizan tabaco capero producido en Cuba. A continuación se describen los seis tonos principales:

— CLARO CLARO: Verde claro, y a menudo llamado Candela. Las hojas se curan con calor para fijar la clorofila en la hoja. A menudo saben ligeramente dulce. En una época, la mayoría de los puros en el mercado de EE.UU. venían con tabaco capero verde claro, pero el Claro Claro ha perdido popularidad en nuestros días.

— CLARO: Un color bronceado claro que se obtiene generalmente en cultivos bajo la sombra de toldos. El Claro se aprecia por su cualidad de sabor neutral.

— COLORADO: Marrón a marrón rojizo. Generalmente se cultiva también a la sombra y tiene un fuerte sabor y un aroma sutil.

— NATURAL: Marrón claro a marrón. A menudo se cultiva al sol.

— MADURO: Esta denominación denota el tiempo extra necesario para obtener un tabaco capero de tono marrón oscuro intenso. Un Maduro debe ser sedoso y aceitoso, con sabor fuerte y aroma suave.

Colorado
Maduro

Maduro

Oscuro

Corona

Corona Gorda

Doble Corona

22

Existen varios procesos para crear un Maduro; uno de estos requiere "cocer" las hojas en una cámara de presión, mientras que otro recurre a una fermentación prolongada y más caliente que lo normal en grandes cantidades. El tabaco capero de un Maduro produce un sabor ligeramente dulce. Este tono casi no se conoce en Cuba.

— OSCURO: También se le llama negro en los países productores de tabaco. Generalmente se deja en la planta más tiempo y también se hace madurar o sudar por más tiempo.

ILUSTRACIONES HECHAS POR ROBERT TRONDSEN

Una vez que haya encontrado la marca que buscaba y haya visto el color de tabaco capero que le gusta fumar, llega el momento de escoger el tamaño y la forma. La palabra vitola cubre ambos conceptos, es decir la circunferencia y el largo. La mayoría de los puros vienen en cajas con una marca al frente que indica la forma del puro, como por ejemplo Punch Doble Corona, H. Upmann Lonsdale o Partagas 8-9-8. Al ir conociendo las formas, el fumador puede ir dándose una idea también acerca del tamaño; así es que puede saber que un Doble Corona no es un puro corto y delgado.

Todos los puros se pueden dividir en dos categorías: los Parejos, o de lados rectos, y los Figurados, o de forma irregular.

A pesar de la confusión existente en los diferentes países acerca de los nombre que se utilizan

Robusto

Petit Corona

Pirámide

Churchill

Lonsdale

Panatela

25

para describir el tamaño de un puro, hay un patrón
básico de medida. Las únicas variaciones son cuando se expresan en el sistema métrico o en el sistema
norteamericano. El largo, por lo tanto, se indica en
pulgadas o centímetros, y el grosor o el diámetro, o
la medida del anillo como se lo conoce común-
mente, se expresa en sesenta y cuatroavos de pulgada o en milímetros. Un tamaño de corona clásica,
por ejemplo, es 6 por 42, lo que significa que tiene
seis pulgadas de largo y 42/64 de pulgada de grosor.

Si busca denominadores comunes para utilizar
como punto de partida con respecto a la forma,
conviene tener presente que todos los puros se
pueden dividir en dos categorías:
los Parejos, o de lados rectos, y los
Figurados, o de forma irregular.

En otras palabras, los Parejos
son cigarros puros rectilíneos, es
decir la clase de puros más conocida. En esta categoría hay tres gru-
pos básicos: Coronas, Panatelas y
Lonsdales.

A continuación se presentan
los nombres de algunos tamaños
estándar con sus tamaños estándar
entre paréntesis.

— CORONAS (6 pulgadas por
42/44 de grosor). Este ha sido
tradicionalmente el punto de referencia del fabricante contra el cual
se comparan todos los otros puros.
Los Coronas tienen un "pie" abierto (el extremo por el que se
enciende) y una "cabeza" cerrada
(el extremo por el que se fuma); la

Perfecto

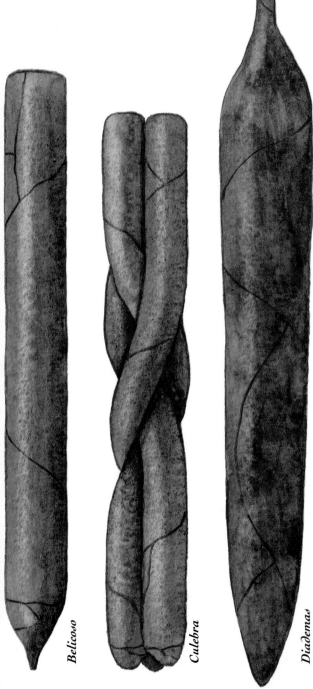

Belicoso

Culebra

Diademas

Amatista se refiere a un frasco de vidrio con 50 puros, inicialmente empacados por H. Upmann, que fue diseñado para fumadores que querían fumar puros "recién salidos de la fábrica."

cabeza es a menudo redondeada. Un Churchill normalmente mide 7 por 47. Un Robusto mide 5 por 50. Un Doble Corona mide 7 1/2 por 49. En otras palabras, todas estas son variaciones de la línea Corona.

— PANATELAS (7 x 38). Generalmente son más largos que los Coronas, pero son notoriamente más delgados. También tienen un pie abierto y una cabeza cerrada.

— LONSDALES (6 3/4 por 42) son más gruesos que los Panatelas, pero más largos que los Coronas.

Las formas irregulares, o Figurados, abarcan a todos los puros de forma irregular. La lista siguiente incluye los tipos principales:

— PIRÁMIDE: Tiene una cabeza puntiaguda y cerrada y se ensancha hasta terminar en un pie abierto.

— BELICOSO: Un pequeño puro piramidal con una cabeza más bien redondeada que puntiaguda.

— TORPEDO: Una forma con cabeza puntiaguda, pie cerrado y abultado en la parte media.

— PERFECTO: Este se parece al puro de las tiras cómicas, con dos extremos redondeados cerrados y un abultamiento en la parte media.

— CULEBRA: Tres Panatelas trenzadas.

— DIADEMAS: Un puro gigante de 8 o más pulgadas de largo. Generalmente tiene un pie abierto, pero a veces viene con un pie cerrado o a la Perfecto.

Recordemos que, aun con estas formas irregulares "clásicas", existen variaciones entre los fabricantes. Algunos puros denominados Belicosos parecen como Pirámides, y algunos llamados Torpedos se asemejan a las Pirámides porque no tienen una punta a la Perfecto. ¿Le resulta confuso? Sí, lo es. Pero afortunadamente en Cuba, la gama de opciones es menos intimidante.

Existen otras denominaciones que conviene conocer porque se refieren al tipo del empaquetado. La designación de 8-9-8, por ejemplo, simplemente significa que los puros se apilan en tres hileras dentro de la caja, ocho en el fondo, nueve en la parte media y ocho arriba. Generalmente vienen en una peculiar caja de lados redondeados. Amatista se refiere a un frasco de vidrio con 50 puros, inicialmente empacados por H. Upmann, que fue diseñado para fumadores que querían fumar puros "recién salidos de la fábrica". Y por último están los Tubos, o sea puros empacados en tubos de aluminio, vidrio o incluso de madera; un tubo herméticamente sellado que mantendrá los puros frescos por mucho tiempo. Algunos puros también son prensados en caja, es decir que se les pone dentro de una caja de manera tan apretada que adquieren un aspecto blando y un tanto cuadrado.

SABOR

¿Qué es lo que le da al puro un sabor peculiar?
A muchos aficionados del cigarro puro no les
interesa saber. No desean analizar por qué les
gusta su puro favorito. Es como en asuntos del
corazón — preferimos concentrarnos en el
romance.

Los tabaqueros profesionales y los fumadores
expertos pueden distinguir entre un buen puro y un
mal puro. Los expertos concuerdan en que existen
ciertas constantes en la manufactura del puro, y
que la ensambladura e ingredientes de todo puro
determinan su sabor.

Si bien fumar un puro es el primer paso para
apreciarlo, no es suficiente el sólo ponerse un puro
en la boca y producir bocanadas. La valoración
general del puro involucra a todos los sentidos. Los
sentidos de la vista, tacto, olfato, gusto e incluso
hasta del oído desempeñan un papel en la experiencia de fumar un puro.

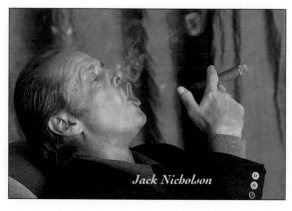

Jack Nicholson

STEPHEN WAYDA

En primer lugar, el sentido de la vista y del tacto están íntimamente conectados. Lo primero que se hace al sacar un puro de la caja, o del humidificador, es inspeccionarlo. Aun cuando este acto sea meramente subconsciente, el aspecto y sensación al tacto del tabaco capero son reveladores, y mucho se puede aprender acerca del sabor de todo puro por su aspecto exterior. Luego, escúchelo. Moviendo a vaivén, ruede el puro con las yemas de los dedos para determinar el grado de humedad del tabaco capero y de su relleno.

El tabaco capero no determina si su puro es bueno o malo, pero éste desempeña un papel importante porque da tersura y belleza, y es su primer contacto con la personalidad y carácter de un puro. Aún antes de encenderlo, al ver y sentir un capero con su agradable y sedosa oleosidad y sin imperfección visible nos crea ciertas expectativas. El aspecto del capero variará dependiendo del lugar donde se haya cultivado el tabaco.

Los mejores caperos de Cuba son en realidad como la seda, con una estructura celular sumamente densa — su superficie es tan lisa que no dan la impresión de ser una substancia vegetal. Estos caperos tienen una elasticidad y fuerza que a menudo no se encuentra en el tabaco de hoja de otros países.

A pesar de las diferencias en oleosidades, su presencia en el tabaco capero indica que el puro se ha humectado bien (el tabaco secreta aceites cuando se lo expone a una humedad del 70 al 72 por ciento) y que el fumar será relativamente frío. El fumado frío o fresco es más sabroso porque significa que el tabaco no se está carbonizando ni sobrecalentando, lo que puede restringir los sabores.

Si observa grietas u ondulaciones en la superficie del tabaco capero, sabrá que el puro estuvo expuesto a ciclos de humectado y sequedad excesivos. Esto es importante también. Si al puro se le fuerza a pasar por ciclos rápidos de expansión y contracción, la constitución interna se destruye. Un puro con el interior dañado no se puede fumar de manera uniforme, se "taponará" y ocasiona caladas o chupadas disparejas. Esto puede ocurrir también debido a una manufactura imperfecta, aunque se tendrá mejor suerte con un capero perfecto que con uno agrietado.

Los mejores caperos de Cuba son en realidad como la seda.

Después de encender el puro, observe la ceniza. Según la mayoría de los expertos en puros, la ceniza blanca es mejor que la gris. Esto no es una cuestión meramente estética; las mejores tierras producen una ceniza más blanca y más sabor. La tierra puede manipularse mediante fertilización, pero si se agrega a la mezcla demasiado magnesio (un ingrediente clave para producir ceniza blanca), la ceniza se descascará, y a nadie le gusta un puro desaliñado, aun cuando la ceniza sea blanca. Por otra parte, la ceniza gris podría ser indicio de deficiencias en la tierra, y por ende en el sabor.

Como pista visual final está la celeridad de consunción del puro. Cuando un puro arde inadecuadamente uno lo percibe inmediatamente porque la combustión desigual distorsiona el sabor de la mezcla. Simplemente, los puros están diseñados para hacer arder diferentes tipos de tabaco, de

principio a fin, de una manera uniforme. Un puro podría comenzar con un sabor suave y más tarde volverse más fuerte o podría cambiar de alguna otra manera; estos cambios pueden atribuirse a la ubicación inadecuada de las hojas de tabaco. Es así que, si un puro arde de manera desigual, se altera el delicado equilibrio necesario para producir un sabor determinado y el puro no sabrá bien.

El sentido del gusto reside principalmente en la lengua y, en menor medida, en el paladar. Existen solamente cuatro sabores básicos: dulce, agrio, salado y amargo. Todos los demás son una combinación de estos cuatro sabores o bien una combinación de sabor y aroma. Aunque en la actualidad se usan descriptores para sabores de alimentos, la mayoría de los fumadores de puros prefieren palabras como acídico, salado, amargo, dulce, mordaz, agrio, suave, pesado, intenso, rico y balanceado. El aroma también es importante, y la mayoría de los fabricantes de puros no sólo catan los sabores, sino que también olfatean el aroma al mismo tiempo.

Para lograr una mezcla de sabores que sea aceptable es necesario utilizar muchos tipos de tabaco. Y el producir un sabor invariable, uno que no fluctúe año tras año, es la tarea más difícil de todo fabricante de puros. No existen dos hojas de tabaco que sean iguales, y no es posible lograr, año tras año, dos puros exactamente iguales.

Los fabricantes de puros utilizan diferentes tabacos para tratar de compensar las desigualdades de la naturaleza. Ellos buscan continuamente una mezcla que logre la uniformidad y que al mismo tiempo produzca cierto sabor peculiar. Una buena mezcla utiliza tabacos de diferentes zonas geográficas, variedades, calidades y cosechas para que el puro resulte completo y balanceado.

Es difícil lograr este equilibrio. Hay una cantidad infinita de variables que pueden alterar el sabor de toda mezcla: Tierra, clase de tabaco, clima, condición del terreno, cura, cosechador, fermentación, proceso de manufactura y humedad del puro.

Según la mayoría de los expertos en puros, la ceniza blanca es mejor que la gris; las mejores tierras producen una ceniza más blanca y más sabor.

Dos factores especialmente importantes para el sabor son el añejamiento y ensamblado. El añejamiento proporciona suavidad, intensidad y madurez — cualidades que no se encuentran en ningún puro recién salido de las manos del enrollador.

Un puro mal ensamblado, aunque sea hecho con la mejor mezcla del mundo, resultará menos placentero que un puro perfectamente hecho con una mezcla meramente modesta. Un puro de chupada o calada floja (puro que arde aceleradamente y que deja pasar mucho humo rápidamente debido a que no fue suficientemente rellenado), aumentará la temperatura de la fumada, destruyendo el sabor. Una calada forzada, por otra parte, reduce la sensibilidad de las papilas gustativas; el aspirar menos humo significa menos sabor. Además, una calada forzada puede apagarse más frecuentemente, y el reencendido de un puro lo hace más acerbo.

La variabilidad de los puros es posiblemente una de las cosas más importantes que debe tener

presente el fumador. Los puros son productos hechos a mano, producidos por hábiles artesanos en cantidades que oscilan entre los 100 y 300 por día, dependiendo del tamaño del puro y del proceso de manufactura. Como cualquier artículo hecho a mano, los puros están sujetos al error humano. Un poco de tabaco de más por allí, o un poco menos por aquí, o una mano fatigada que aplica una cantidad de presión incorrecta pueden alterar completamente el producto final. De vez en cuando, todo fabricante comete el error de dejar pasar por su sistema de control de calidad cigarros puros defectuosos que salen al mercado. ¿Qué puede hacer el consumidor? Aceptar la realidad, tirar el puro y encender otro. Es altamente improbable que el siguiente puro también esté defectuoso, a menos que fume puros de segunda clase.

Pero llegado el momento de fumar su puro favorito, ya no tendrá que preocuparse por la compleja serie de procesos que fueron necesarios para poner ese puro en sus manos.

Muy probablemente este puro sabrá tan delicioso como el último, y ya estará a la espera del siguiente.

Capítulo 4

Cortado y encendido

Los fumadores de cigarros puros deben dominar uno de los rituales más extraordinarios del mundo de los conocedores: el cortado y encendido de sus puros. El corte puede decidir el destino de un cigarro puro. Si no se le hace correctamente, el humo puede salir caliente, o la hoja capera se puede desenrollar y dejar una aleta colgando del puro encendido, o los dientes del fumador podrían quedar desagradablemente cubiertos con trozos de tabaco. En cambio, el corte correcto es como una silla cómoda, ni se nota.

Cortapuros tipo guillotina de acero inoxidable.

Cada fumador tiene su manera favorita de cortar la punta del puro. Como es de esperar, un ritual tan personal está sujeto a opiniones inflexibles acerca de lo que se consideran métodos correctos e incorrectos, y en general se le puede atribuir la proveniencia del método utilizado al mentor que le enseñó a ese fumador a apreciar sus puros. Sin embargo, independientemente del tipo de corta-

Fotografías de Gene Coleman

puros — ya sea de cuña,
guillotina, tijeras, de diana,
punzón, cuchillo o con los
dientes — la calidad del
instrumento cortante ge-
neralmente se refleja en la
calidad del corte. Y existen
algunas reglas básicas que le
pueden guiar para lograr un
corte perfecto.

Si se cometen errores en
el corte, podría deberse a
que el fumador no entiende
de qué manera se hacen los
cigarros puros. En el proceso de manufactura, todos los
puros de alta calidad hechos
a mano están cerrados por
un extremo (que se llama
"cabeza"). En algunos
casos, este cierre se hace con
otra parte de la hoja de tabaco llamada "tapa", generalmente cortada de la misma
hoja capera que se usó para
el puro. La tapa se fija con un pegamento vegetal
especial. Otras se terminan con un "banderín", un
trozo de hoja que forma parte de la misma hoja
capera pero que se le ha dado forma con un cuchillo para ser envuelta alrededor de la cabeza del
puro, la cual se adhiere con la misma clase de pegamento. Este último método es obvio en algunos
cigarros puros porque en vez de ser alisada por
debajo del banderín, la hoja se retuerce y termina
en forma de coleta. En todo caso, la tapa o el ban-

Cortapuros tipo guillotina y tijeras personales.

derín cierra las hojas caperas y la sobretripa que contiene las hojas de relleno del cuerpo del puro en el liado.

El objetivo del corte de una guillotina o unas tijeras es cortar una porción suficiente del extremo del puro para exponer el relleno, y dejar una porción suficiente, de la tapa o el banderín, como para mantener a la hoja capera alrededor del puro. Esto generalmente significa un corte de unos dos milímetros, o aproximadamente un dieciseisavo de

pulgada. Si no le da por las medidas métricas ni las reglas, otro indicador seguro es el "hombro" del puro. En un puro de punta plana, puede ser muy notorio; en uno de punta redondeada, es un poco más difícil de encontrar pero básicamente es donde se endereza la curva del extremo. En un puro bien hecho, la tapa o el banderín generalmente se extiende sobre el hombro. Un corte hecho a la altura del hombro, o un poco más arriba, podría ser ideal.

Los cortapuros de guillotina deben mantenerse bien afilados. Si pierden el filo, la cuchilla comienza a "empujar" las hojas de tabaco, muchas veces desgarrando el costado del puro alejado de la cuchilla. Para lograr un corte preciso con una guillotina de una sola cuchilla, el puro debe posicionarse contra el lado opuesto a la apertura, dejando que la cuchilla repose sobre el puro, y luego cortando el extremo con un movimiento rápido y tajante. La mayoría de las guillotinas de una sola cuchilla también tienen un bolsillo para la cuchilla; es necesario limpiarlas con cierta regularidad y quitarles regularmente los trocitos de tabaco para que no se atasque la cuchilla. Cuídese de los cortapuros de guillotina de una sola cuchilla baratos; éstos pueden dañar los puros.

Las guillotinas de cuchilla doble eliminan el problema de que el pie del puro resulte desgarrado por un corte inadecuado de la cuchilla. Cerciórese de que el puro esté al ras de la cuchilla antes de intentar hacer un corte. El movimiento de corte deberá ser en seco. Estos cortapuros también se deben limpiar, pero su diseño generalmente impide los atascamientos; una limpieza anual suele ser suficiente.

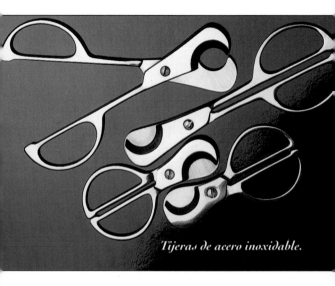

Tijeras de acero inoxidable.

Las tijeras son más problemáticas. Un buen
par de tijeras debe estar bien balanceado entre los
mangos y las hojas de cortar. De lo contrario,
resulta muy difícil sostener el puro firmemente contra una de las hojas de cortar para lograr un buen
corte. Además, si el pivote no permite que los
dedos se muevan libremente, puede resultar muy
difícil hacer adecuadamente un corte transversal en
el extremo del puro. Aquí también se aplica el
mismo principio — usted quiere cortar una porción
suficiente del puro que permita exponer las hojas
de relleno sin quitar toda la hoja capera.

Uno de los instrumentos cortapuros más popu-
lares en el presente deja una cuña en forma de V en
el extremo del puro, lo que expone una mayor
superficie del relleno que en un corte vertical. Esto
no es recomendable para los fumadores que prefieren masticar el extremo de sus puros. Si se
ejerce demasiada presión sobre el extremo del puro,

la cuña se puede aplastar, causando una acumu-
lación de humedad y alquitrán que hace más difícil
chupar. Si se chupa demasiado fuerte del puro, el
fumar resultará más caliente y acerbo.

Otros dos tipos de cortapuros, el de diana y el
punzón, logran el mismo corte básico: el poner un
agujero en el extremo del puro sin dañar la adhe-
sión del tabaco capero al resto del puro. El de
diana usa un cortador con punta hueca que se hace
girar con un rápido movimiento circular. Los
expertos aconsejan no hacer un agujero muy pro-
fundo, pues puede jalar el aire y el humo hacia la
mitad del puro, con lo que se obtienen fumadas más
calientes. La misma advertencia vale para el punzón, que a menudo se parece a un taladro.

Mucha gente le tiene una fe ciega a una simple
navaja u hoja de afeitar de un solo filo. Aunque la
hoja suelta requiere una mano firme, ésta permite
cortar en un ángulo y una profundidad exactos,
especialmente en cuña en forma de V, de acuerdo
con la preferencia de cada fumador. Para lograr un
buen corte de navaja es esencial que la hoja esté
muy afilada. Pero a diferencia de los cortapuros de
guillotina, a la hoja de una navaja se le puede sacar
filo en una piedra de afilar.

Ningún artículo sobre el cortado estaría completo sin antes mencionar el instrumento de corte
más sencillo de todos: sus propios dientes. Por
supuesto, la ventaja obvia de los dientes es que
siempre los tiene consigo. Pero los expertos,
muchos de los cuales, dicho sea de paso, también
se ganan la vida vendiendo sofisticados cortapuros además de puros, arguyen que sólo los más
avezados pueden lograr un buen corte dental
todas las veces. Ellos dicen que no se puede ver el

puro, y no se puede saber exactamente dónde se hace el corte, y que se corre el riesgo de rasgar la tapa y la hoja capera. Y también es una cuestión de malos modales, ya que escupir tabaco es bastante antiestético. Pero en caso de apuro, los dientes siempre funcionan.

Encendedor.

Descartemos algunos mitos acerca de la manera de encender un puro. El uso de un fósforo de madera o de una maderilla de cedro o "astilla", es elegante, y puede ser eficaz, pero suele llevar mucho tiempo y resultar impráctico, puesto que se necesita más de un fósforo para encender bien un puro. Por lo tanto, cualquier buen encendedor de butano es el mejor accesorio del fumador. Sin embargo, los encendedores líquidos exigen una advertencia. Si bien los fabricantes de encendedores lo disputan, es un hecho que los destilados de petróleo pueden afectar el sabor del puro.

Ahora ya está listo para encender. El objetivo de un encendido perfecto es lograr una fumada fresca. Para eso hay que seguir una regla muy sencilla: nunca deje que el cigarro puro toque la llama. Al encender, sostenga el puro en un ángulo de 45

grados sobre la llama, lo suficientemente alejado como para que la punta de la llama se mueva hacia el puro pero nunca llegue a tocarlo. Después, para asegurarse un encendido correcto, haga girar el puro en su mano de manera que el pie del puro se encienda totalmente en derredor. Cuando se haya formado un anillo apenas encendido alrededor de la punta del puro y comience a avanzar hacia el centro del pie, sople levemente a través del puro. No todo el mundo hace esto, pero tiene sentido; en vez de aspirar una primera chupada de gases del encendedor (o de azufre del fósforo), su primera exhalación librará al tabaco de estos sabores indeseados.

Ahora sí está listo para fumar. Al hacerlo, continúe haciendo girar el puro entre las yemas de los dedos al tomar las primeras bocanadas. Esto regulará la consunción, manteniéndola pareja y evitando la formación de túneles, que es cuando un lado del puro arde más rápido que el otro. Esta técnica se aplica a todas las formas de encendido: fósforos, astillas de cedro o encendedores.

Algunas personas se preguntan si una vez que se apaga el puro se le puede reencender. Aun con un encendido perfecto, es posible que un puro se apague alguna que otra vez. Si bien fumar un puro a razón de una bocanada por minuto puede garantizar un fumar suave y fresco, a veces no es posible mantener este ritmo. Usted puede estar hablando por teléfono, o en una conversación con otra persona, y simplemente se olvida de seguir fumando. Si se le apaga el puro, desde luego, reenciéndalo — simplemente tome las mismas precauciones que seguiría si lo tuviera que encen-

der por primera vez. Sin embargo, tenga en
cuenta que después de un par de reencendidas, el
puro puede comenzar a ponerse acerbo.

Si insiste en usar astillas o fósforos, deberá
seguir algunas reglas. Puede usar una vela para
encender una astilla, pero nunca use una vela para
encender un puro; los vapores de la cera pueden
arruinarle el sabor. Si usa fósforos, los más largos
son preferibles. Si usa fósforos cortos, encienda
dos a la vez, deje que se consuma el azufre y
después comience a encender — al usar dos,
obtiene una llama más ancha que facilita lograr un
encendido parejo.

Los encendedores son la fuente de fuego más
portátil, y la mayoría se puede encender con una
mano mientras que la otra sostiene el puro. Un
buen encendedor debe tener un cierto peso;
algunos están construidos de latón sólido y esto se
siente. Pero tan importante como el peso es como
le sienta en su mano, lo mismo que con un buen
cuchillo. Debería sentirlo balanceado y adecuado
al tamaño de su palma.

La apertura del encendedor debe ser natural y
sin esfuerzo. La tapa debe abrirse suavemente, y el
mecanismo de bisagra debe ser silencioso (un
sonido hueco o metálico suele indicar materiales de
mala calidad). Una vez abierta, la tapa deberá se-
pararse totalmente de la caja del encendedor, de lo
contrario, la llama no estará accesible, especialmente si está encendiendo un puro más grande. La
llama debe ser ajustable, y debe ser gorda — esto es
más importante para un fumador de puros que de
cigarrillos. Algunos encendedores de puros tienen
en realidad dos llamas.

Al final, el objetivo es tener un encendedor sin problemas. Como lo usará frecuentemente, busque un encendedor que le resulte cómodo y que funcione en todas las situaciones, inclusive las ventosas. Si el encendedor es no sólo funcional sino también atractivo, lo llevará siempre consigo como un reloj de bolsillo.

CAPÍTULO 5

ALMACENAMIENTO Y TRANSPORTE DE LOS PUROS

Los puros no son ropas viejas. No se puede tirar un puro en un cajón por unos meses, sacarlo y encenderlo con la misma facilidad con que se pondría su suéter favorito de cachemira. Los puros son un producto agrícola natural, y rendirán una fumada mala o espléndida dependiendo del esmero que ponga en su cuidado.

El humidificador debe mantener al puro en su condición ideal para fumar. Esto no es fácil, ya que el humidificador debe recrear el medio ambiente tropical o semitropical donde se cultiva la mayoría de los tabacos para puros y donde se manufacturan y añejan los mejores puros enrollados a mano. Los medios ambientes tropicales improvisados — como una sala de baño llena de vapor o una bolsa de plástico cerrada herméticamente con una toalla de papel mojada — no dan buen resultado.

Un puro está compuesto por numerosas capas de tabaco. En un ambiente donde la humedad no sea uniforme, como en una ducha, la parte externa del puro se secará cuando se termine el vaho, pero la parte interior seguirá estando húmeda. El cuerpo interior del tabaco se hincha, mientras que el tabaco capero se contrae y se raja, arruinando totalmente su inversión.

Humidificadores Serie Medalla Azul de Elie.

La característica más crucial de un buen humidificador es que provee un medio ambiente tropical uniforme (unos 20 a 22 grados Celsius y una humedad relativa ambiente del 70 al 72 por ciento) durante mucho tiempo. Recuerde que esto no indica solamente cuántas veces necesita agregarle agua al sistema de humidificación, sino también que dentro de 20 años la tapa de la caja no se haya alabeado y que las bisagras se abran fácil y silenciosamente. Entre los fabricantes de humidificadores de confianza cabe citar a Davidoff, Danny Marshall, Dunhill, Elie Bleu, Michel Perrenoud y Savinelli.

Es fácil juzgar los componentes de un buen humidificador. Comenzando por el interior de la

El cedro es la mejor madera para el interior de un humidificador debido a su capacidad de perfeccionar el proceso de añejamiento.

caja, busque detalles como junturas perfectamente cuadradas y ensambladas. No debe verse el pegamento ni hendijas en las uniones, ya que esto último indicaría un punto de salida de la humedad que terminará produciendo una deformación. El cedro es la mejor madera para el interior de un humidificador debido a su capacidad de perfeccionar el proceso de añejamiento. Permite que los diversos tabacos de un puro se puedan "casar", para que el puro no consista en diferentes sabores a tabaco, sino en sutiles matices de sabor.

El borde de la caja deberá ser de construcción uniforme, con tolerancias herméticas, de manera que la tapa cierre con la misma solidez que la puerta de un Mercedes Benz. Un labio interior, especialmente uno infe-rior, protegerá a los puros contra el aire externo seco. Esto es mucho más necesario en una caja sin ce-rradura, porque lo único que la mantendrá cerrada es el peso de la tapa. Sin embargo, la tapa del humidificador no debe cerrar como la de una caja fuerte, porque sin cierta circu-

lación de aire, el olor a humedad destruiría los
puros. Toda la caja deberá estar balanceada, tanto
cuando queda cerrada como cuando está abierta.
(Lo peor que puede ocurrir es que la caja se caiga
del escritorio porque la tapa sea demasiado pesada
o rebote cuando se levante).

Si fuma siempre puros de un mismo diámetro, entonces le conviene un estuche digitado porque evitará que sus puros rueden.

Por supuesto, una caja perfectamente construida no sirve para nada si no se proveen fuentes de humedad. Antiguamente se pensaba que el corazón de la manzana era una manera segura, pero los sistemas de humidificación modernos son más confiables. La mayoría de los humidificadores se basan en una variedad de esponjas, compuestos químicos o simples frascos para producir humedad. Sin embargo, recuerde que el añejamiento de los puros de calidad exige niveles constantes de humedad. Generalmente, los manuales de instrucción de humidificadores proclaman que casi no requieren mantenimiento. Pero una vez que haya preparado el humidificador para usarlo — trate de limpiar el interior con un trapo húmedo antes de cargarle los puros — deberá guiarse tanto por la sensación táctil de los puros guardados como por el sistema de humidificación. Si al tocar los puros parecen estar secos aunque el

medidor de humedad indique 70 por ciento, deberá inspeccionar el aparato.

Otras características prácticas, en orden de importancia, son: una charola, que le da al propietario la opción de guardar los puros en más de un nivel para que estén expuestos a diversos grados de humedad (coloque siempre los puros resecos tan lejos como sea posible del aparato humidificador para que recuperen la humedad lentamente y después acérquelos al aparato); ranuras u orificios perforados en los lados de la caja, que permiten que la unidad respire al mismo tiempo que evitan que se separe y deforme el revestimiento; e imanes en la caja para retener los cortapuros, que en ocasiones se añaden a los humidificadores. Un higrómetro, si bien imparte un aspecto sofisticado, por lo general no es exacto, ni siquiera en los modelos de escritorio más costosos.

El aspecto del humidificador es una cuestión puramente subjetiva. Un acabado de laca densa y oscura es bello y funcional y deberá juzgarse con la misma vara que usaría para una mesa de comedor. Por otra parte, una base de fieltro servirá de protección tanto para la caja como para la superficie sobre la que se apoye. Las agarraderas resultan muy útiles, especialmente en las unidades más grandes.

Tenga en cuenta que tanto en el hogar como en la oficina, el humidificador no debe tener una presencia desproporcionada con relación al entorno. Decidir dónde pondría el humidificador antes de comprarlo le ayudará a encontrar un aparato que le resulte estético y funcional al mismo tiempo. Si toma la decisión acertada ahora, dentro de veinte años, cuando su hijo comience a codiciar su humi-

dificador, tendrá la certeza de que su inversión valió la pena, de que no compró solamente una "caja".

Otra cuestión clave es qué hacer con los puros cuando viaja por el país, o cuando va a una gran cena en la ciudad. El objetivo de los mejores humidificadores y cajas de puros para viajes es mantener los puros en perfectas condiciones de fumar. Hechos nada más que de metal, madera, cuero e hilo, son tan simples y refinados como el producto que deben proteger. No pase por alto esta verdad paralela: sus puros y el recipiente donde los guarde deberán ser productos bien concebidos y con un diseño básico pero prácticamente impecable.

Los estuches, ya sea telescopizantes, multi-digitados, abiertos (sin divisores de puros separados), tubulares o alguna combinación de éstos, deberán hacer siempre dos cosas excepcionalmente bien: proteger y guardar sus puros. La ecuación es simple: usted desea que los puros que fuma con más frecuencia encajen fácilmente en su cigarrera.

Si fuma un puro más largo, necesitará una caja telescopizante. Si fuma puros de diámetros diversos durante el transcurso del mismo día, evite las cajas digitadas que se construyen para contener diámetros específicos y no se alargan para contener tamaños más grandes.

Si fuma siempre puros de un mismo diámetro, entonces le conviene un estuche digitado porque evitará que sus puros rueden o rocen contra el interior del estuche, especialmente cuando le quede el último puro. Las cigarreras abiertas no tienen resguardos para impedir que los puros traqueteen una vez que haya retirado uno o dos.

Armario humidificador burl.

Si se propone guardar una cigarrera de dos, tres o cuatro compartimientos individuales en la guantera del auto para ir y venir de la oficina o para sus excursiones campestres de fines de semana, podrá usar cualquier cigarrera de buena calidad. El cuero grueso, de casi cualquier animal, es duro y resistirá las sacudidas causadas por los baches y los atascamientos del tráfico.

Si al llegar al trabajo se propone retirar la cigarrera del automóvil y guardarla en el bolsillo de su chaqueta, cerciórese de que va a caber. La mayoría de los modelos para cuatro puros son demasiado anchos, y a menos que cuente con la cooperación de las dimensiones de su pecho y de su sastre, daría la impresión de llevar un arma.

Los mejores humidificadores de viaje se han diseñado para mantener a los puros en condiciones perfectas para fumar.

Aparte de verificar la calidad de las puntadas y que la construcción sea uniforme — sin bordes ásperos — es bastante fácil seleccionar una cigarrera de cuero para proteger sus puros. Un buen estuche debe abrirse con un mínimo de esfuerzo (haga la prueba poniendo algunos de sus propios puros en la cigarrera), y debe estar forrado para proteger a los puros de los aromas del cuero y evitar que el tabaco ca-pero se enganche con alguna parte áspera del cuero del interior. Escoger una cigarrera es un proceso muy similar al de comprar un par de zapatos nuevos: los factores más importantes son calidad (que incluye durabilidad), calce, facilidad de uso y estilo, en ese orden.

Si sus viajes le hacen toparse (literalmente hablando) con extraños, tenga más cuidado al seleccionar una cigarrera, o considere adquirir una de madera o un tubo de plata. Los tubos son no sólo abultados sino pesados, pero ciertamente son

más resistentes que el cuero, y pueden mantener un puro fresco por un plazo de hasta 72 horas. Si le molesta llevar peso extra, pero necesita sólida protección o "protección para trato rudo", opte por un estuche telescopizante de cuero muy grueso.

Cuando haya seleccionado una caja o tubo adecuado para sus necesidades, úselo con prudencia. Coloque puros nuevos en la cigarrera por la mañana, y asegúrese de retirar los puros que no haya fumado por la noche, guardándolos en el humidificador. La mayoría de las cajas de puros no conservarán los puros frescos por más de un día. Y, pase lo que pase, nunca guarde un puro parcialmente fumado en una cigarrera, ya que el aroma se conservará y afectará a todos los puros que coloque en la caja durante mucho tiempo después de haber cometido el costoso error.

A diferencia de las cigarreras, los humidificadores de viaje son demasiado grandes para los viajes locales cotidianos. Los modelos más pequeños tienen capacidad para cinco puros tamaño Churchill (un puro más que la caja de puros básica), y son demasiado grandes para caber en el bolsillo de la chaqueta. La ventaja de cargar con este volumen es que el humidificador de viaje mantiene los puros frescos durante mucho más tiempo que cualquier estuche de bolsillo porque viene con una unidad humidificadora.

Aun cuando, a diferencia de un estuche, un humidificador de viaje se haya diseñado para un viaje de varios días, sus expectativas para ambos productos deberían ser iguales. Nuevamente, recuerde el tamaño y la forma de sus puros, y cerciórese de que quepan en la caja. Después, inspeccione los detalles. Busque características como bi-

sagras traseras sólidas, preferiblemente tipo "piano", que cubren toda la extensión de la caja. También cerciórese de que la unidad de humidificación dentro de la caja se mantenga en su lugar cuando tenga que apurarse para alcanzar un avión o echar su equipaje en la parte trasera de un taxi.

Si todo anda bien, tanto usted como sus puros llegarán en buenas condiciones, listos para fumar y olvidarse de los problemas y los apuros de la era moderna.

CAPÍTULO 6

HABANOS
Presentados con
NOTAS DE DEGUSTACIÓN COMPLETAS
POR TAMAÑO Y PUNTUACIÓN

En esta sección encontrará descripciones completas, clasificaciones y notas de degustación de Doble Coronas, Churchills, Robustos, Coronas, Coronas Gordas, Lonsdales, Panatelas, Petit Coronas y habanos con formas inusuales tales como torpedos y pirámides (agrupados aquí dentro de la categoría de los Figurados).

La clasificación de los habanos está a cargo de un panel formado por los redactores principales de Cigar Aficionado, quienes participan en pruebas de degustación a ciegas. El proceso de estas pruebas es sencillo: El coordinador de las degustaciones retira la banda del puro y la sustituye con una banda blanca numerada, de manera que no sea posible identificar los habanos. Cada participante recibe un humidificador que contiene los habanos y hojas de degustación numeradas para registrar sus impresiones y la puntuación final.

La puntuación final sobre cada habano refleja fallos correspondientes a cuatro categorías.

1) ASPECTO Y MANUFACTURA. Los examinadores analizan la oleosidad, firmeza y consistencia en el color del tabaco capero. La presencia de venas abultadas, moteado excesivo, marcas y un acabado áspero se consideran defectos.

2) CARACTERÍSTICAS DEL FUMADO. Incluye la uniformidad con que se consume el puro, el color de la ceniza y la calidad de la chupada.

3) SABOR. El sabor del habano, que puede incluir desde granos de cacao, café y especias hasta heno húmedo. Los degustadores también observan si el sabor es suave, mediano o de mucho cuerpo, y la duración del "acabado" — es decir, cuánto tiempo permanecen los sabores en la boca.

4) IMPRESIÓN GENERAL. Esta es la opinión propia del degustador, basada en su resumen de las características del habano.

Una vez terminada la prueba, se organizan y compilan las notas de degustación y sus puntuaciones. Se calculan las puntuaciones promedio finales y se identifica el habano.

Todos los habanos se han degustado co referencia a una escala de 100 puntos. El sistema de puntación es el siguiente:

95–100 — clásico

90–94 — sobresaliente

80–89 — de muy bueno a excelente

70–79 — de normal a buena calidad comercial

Menos de 70 — no desperdicie su dinero

N/D = no disponible

DOBLE CORONA

Clasificación: 96
Marca: Hoyo de Monterrey
Descripción: Doble Corona
Medida del anillo: 49
Largo: 7 5/8" (193 mm)
Observaciones: Una fumada extraordinariamente intensa. Este habano repleto de sabores de cacao y café, seguido por suaves acentos a madera y cuero. Produce una chu-

pada o calada perfecta, y un aroma
semitostado.
Precio en el R.U.: £10.10

Clasificación: 94
Marca: Ramón Allones
Descripción: Gigantes
Medida del anillo: 49
Largo: 7 5/8" (193 mm)
Observaciones: Este habano tiene una
suave textura cremosa con fuertes
acentos de pimienta y especias.
Tiene un acabado de carácter dulce
con intenso sabor a nueces.
Precio en el R.U.: £9.90

Clasificación: 92
Marca: Partagas
Descripción: Lusitania
Medida del anillo: 49
Largo: 7 5/8" (193 mm)
Observaciones: Un rico habano de
mucho cuerpo con sabores a cedro y
cuero, y un fuerte sabor a castañas y
canela.
Precio en el R.U.: £9.90

Clasificación: 91
Marca: Punch
Descripción: Doble Corona
Medida del anillo: 49
Largo: 7 5/8" (193 mm)
Observaciones: Este es un habano fuerte con tabaco de excelente carácter y un acabado prolongado. Los sabores a especias y cuero le imparten una complejidad térrea, casi herbaria.
Precio en el R.U.: £10.10

CHURCHILL

Clasificación: 93
Marca: Saint Luis Rey
Descripción: Churchill
Medida del anillo: 47
Largo: 7" (178 mm)
Observaciones: Este habano tiene una suntuosa hoja capera y ofrece una bocanada firme. Intenso sabor a especias acentuado por un sabor a maderas de cedro.
Precio en el R.U.: £5.80

Clasificación: 92
Marca: Romeo y Julieta
Descripción: Churchill
Medida del anillo: 47
Largo: 7" (178 mm)
Observaciones: Este sigue siendo el habano Churchill contra el que se comparan todos los demás. Lleno de intensos sabores de especias y cacao, tiene un rico acabado prolongado.
Precio en el R.U.: £9.70

Clasificación: 91
Marca: Punch
Descripción: Churchill
Medida del anillo: 47
Largo: 7" (178 mm)
Observaciones: Un puro muy suave
pero de mucho cuerpo y sabor
térreo, con complejos sabores a
cuero y especias dulces como la
nuez moscada, y un agradable
acabado con sabor a maderas.
Precio en el R.U.: £9.70

Clasificación: 90
Marca: Bolívar
Descripción: Corona Gigantes
Medida del anillo: 47
Largo: 7" (178 mm)
Observaciones: Un habano lleno de
especias, con canela y nuez mosca-
da, y una dulzura agradable que ter-
mina con un complejo sabor térreo.
Precio en el R.U.: £9.70

Clasificación: 90
Marca: Quai d'Orsay
Descripción: Imperiales
Medida del anillo: 47
Largo: 7" (178 mm)
Observaciones: Un habano sabroso
con sabores a pan tostado y canela y
un acabado prolongado.
Precio en el R.U.: N/D

Clasificación: 89
Marca: Cohiba
Descripción: Espléndidos
Medida del anillo: 47
Largo: 7" (178 mm)
Observaciones: Un puro de mucho cuerpo con acentos frutales, a cerezas negras y una sensación de especias con sabor a maderas. Una chupada firme, casi difícil.
Precio en el R.U.: £17.60

Clasificación: 89
Marca: Flor de Cano
Descripción: Diademas
Medida del anillo: 47
Largo: 7" (178 mm)
Observaciones: Un habano de mucho cuerpo con carácter térreo y una gama completa de aromas a cuero y especias dulces como la nuez moscada.
Precio en el R.U.: £9.70

Clasificación: 88
Marca: Hoyo de Monterrey
Descripción: Churchill
Medida del anillo: 47
Largo: 7" (178 mm)
Observaciones: Este habano tiene algunos sabores de especias exóticas como la nuez moscada y la canela, pero con un acabado seco.
Precio en el R.U.: £9.70

Clasificación: 87
Marca: El Rey del Mundo
Descripción: Taínos
Medida del anillo: 47
Largo: 7" (178 mm)
Observaciones: El acabado disparejo perjudica a este puro simple y suave con sabor semiherboso y un liviano dejo a especias.
Precio en el R.U.: £8.36

CORONA GORDA

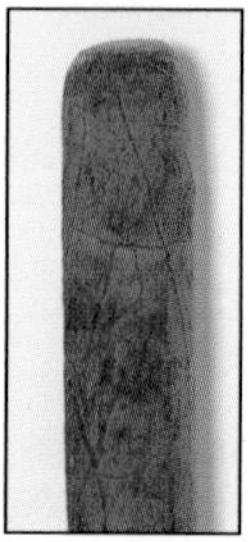

Clasificación: 92
Marca: Hoyo de Monterrey
Descripción: Epicure No. 1
Medida del anillo: 46
Largo: 5 3/4" (146 mm)
Observaciones: Un habano de mucho cuerpo, bien armado, con sabores a chocolate y café. Una fumada sólida y sazonado con un largo acabado.
Precio en el R.U.: £7.12

Clasificación: 91
Marca: Romeo y Julieta
Descripción: Exhibición No. 3
Medida del anillo: 46
Largo: 5 1/2" (140 mm)
Observaciones: Un habano de mucho cuerpo cargado de aromas de cacao, nueces y complejos sabores a especias. Tiene un acabado generoso.
Precio en el R.U.: £6.64

Clasificación: 89
Marca: Cohiba
Descripción: Siglo IV
Medida del anillo: 46
Largo: 6" (152 mm)
Observaciones: Este habano de mucho cuerpo tiene ricos sabores de chocolate negro y un dejo a cuero sazonado, pero adolece de la limitación de una chupada dura.
Precio en el R.U.: £9.68

Clasificación: 89
Marca: Punch
Descripción: Punch
Medida del anillo: 46
Largo: 5 1/2" (140 mm)
Observaciones: Inconsistente. Un habano de mucho cuerpo con sabores a nueces, especias y flores. Pero su densidad y breve regusto le perjudican.
Precio en el R.U.: £6.64

Clasificación: 88
Marca: H. Upmann
Descripción: Magnum
Medida del anillo: 46
Largo: 5 1/2" (140 mm)
Observaciones: Este habano llena el paladar de sensaciones a nueces y especias, con un limpio y persistente regusto a tabaco.
Precio en el R.U.: £7.04

Clasificación: 83
Marca: Bolívar
Descripción: Corona Extra
Medida del anillo: 46
Largo: 5 3/4" (146 mm)
Observaciones: Una cierta acidez resta mérito al sabor suave, con dejo a nueces y pimienta y un acabado seco.
Precio en el R.U.: £6.25

LONSDALE

Clasificación: 96
Marca: Cohiba
Descripción: Siglo V
Medida del anillo: 43
Largo: 6 3/4" (171 mm)
Observaciones: Da lástima terminar este puro; uno nunca se cansa de fumarlo. Tiene mucho cuerpo y sabor generoso, y también mantiene una armonía excepcional. Un habano verdaderamente refinado.
Precio en el R.U.: £13.50

Clasificación: 95
Marca: Cohiba
Descripción: Siglo III
Medida del anillo: 42
Largo: 6" (152 mm)
Observaciones: Una gran adición a una línea excepcional de habanos. Visualmente magnífico, con su suave tabaco capero marrón oscuro; cada bocanada da un placer inestimable. Una fumada opulenta de gran refinamiento y clase.
Precio en el R.U.: £10.00

Clasificación: 92
Marca: Partagas
Descripción: No. 1
Medida del anillo: 42
Largo: 6 1/2" (165 mm)
Observaciones: Un excelente habano sazonado principalmente con sabores a cacao y café y un acabado largo y semicorreoso.
Precio en el R.U.: £6.95

Clasificación: 92
Marca: Quintero
Descripción: Churchill
Medida del anillo: 42
Largo: 6 1/2" (165 mm)
Observaciones: Un poderoso habano de mucho cuerpo con un intenso aroma a nueces y fuertes sabores a clavo de olor y nuez moscada, con un acabado reminiscente del cacao.
Precio en el R.U.: N/D

Clasificación: 91
Marca: El Rey del Mundo
Descripción: Lonsdale Maduro
Medida del anillo: 42
Largo: 6 1/2" (165 mm)
Observaciones: Este puro ofrece una fumada suave de cuerpo mediano, con sabroso carácter y un regusto largo y limpio.
Precio en el R.U.: £6.75

Clasificación: 91
Marca: Rafael Gonzales
Descripción: Lonsdale
Medida del anillo: 42
Largo: 6 1/2" (165 mm)
Observaciones: El tabaco capero marrón oscuro arde uniformemente en este habano de mucho cuerpo, que sabe a café y cacao y tiene un sólido núcleo de especias.
Precio en el R.U.: £6.95

Clasificación: 90
Marca: Bolívar
Descripción: Medalla de Oro
Medida del anillo: 42
Largo: 6 1/2" (165 mm)
Observaciones: Un habano de gran sabor con aroma tostado y acentos de especias con dejo a nuez y que termina con un regusto a maderas de cedro.
Precio en el R.U.: £7.40

Clasificación: 90
Marca: H. Upmann
Descripción: Lonsdale
Medida del anillo: 42
Largo: 6 1/2" (165 mm)
Observaciones: Un habano de mucho cuerpo, bien hecho, con complejo aroma térreo de especias y frutas secas.
Precio en el R.U.: £6.95

Clasificación: 90
Marca: Montecristo
Descripción: No. 1
Medida del anillo: 42
Largo: 6 1/2" (165 mm)
Observaciones: Este puro ha demostrado falta de uniformidad. En sus mejores momentos tiene un bello tabaco capero y aromas a nueces con sabores de especias dulces.
Precio en el R.U.: £7.84

Clasificación: 89
Marca: Hoyo de Monterrey
Descripción: Le Hoyo Des Dieux
Medida del anillo: 42
Largo: 6" (152 mm)
Observaciones: Un habano de gabinete bien enrollado, sazonado y con ricos sabores y un regusto térreo.
Precio en el R.U.: £6.96

Clasificación: 87
Marca: Sancho Panza
Descripción: Molinas
Medida del anillo: 42
Largo: 6 1/2" (165 mm)
Observaciones: Cierta inconsistencia en un habano que suele ser rico, con sabores a especias y nueces y un acabado prolongado.
Precio en el R.U.: £6.75

Clasificación: 85
Marca: La Gloria Cubana
Descripción: Medaille D'Or No. 2
Medida del anillo: 43
Largo: 6 5/8" (168 mm)
Observaciones: Un habano que promete mucho, con sabores dulzones poco comunes, pero un acabado más bien corto.
Precio en el R.U.: £7.15

Clasificación: 85
Marca: Saint Luis Rey
Descripción: Lonsdale
Medida del anillo: 42
Largo: 6 1/2" (165 mm)
Observaciones: Un habano elegante, de cuerpo mediano con suaves sabores a nuez moscada y caramelo de mantequilla y un dejo a cedro en el acabado.
Precio en el R.U.: £6.95

CORONA

Clasificación: 91
Marca: H. Upmann
Descripción: Corona
Medida del anillo: 42
Largo: 5 1/2" (140 mm)
Observaciones: Este H. Upmann rebosa de complejos sabores a café, nueces tostadas y tabaco.
Precio en el R.U.: £6.05

Clasificación: 90
Marca: Bolívar
Descripción: Corona
Medida del anillo: 42
Largo: 5 1/2" (140 mm)
Observaciones: Este habano tiene preciosos aromas dulces, sazonados y a flores. Con su opulento tabaco capero marrón oleoso, es muy generoso, con un carácter sazonado con nuez tostada y un acabado suntuoso.
Precio en el R.U.: £6.04

Clasificación: 90
Marca: Cohiba
Descripción: Siglo II
Medida del anillo: 42
Largo: 5" (127 mm)
Observaciones: Otro bello habano de carácter fuerte y de especias. Al igual que los otros Cohibas, se caracteriza por su gran cuerpo y generoso sabor, con un largo regusto.
Precio en el R.U.: £8.50

Clasificación: 90
Marca: Romeo y Julieta
Descripción: Corona
Medida del anillo: 42
Largo: 5 1/2" (140 mm)
Observaciones: Este habano brinda una abundancia de ricos aromas y sabores a especias y café, y aún así mantiene una elegancia maravillosa.
Precio en el R.U.: £6.05

Clasificación: 89
Marca: Hoyo de Monterrey
Descripción: Corona
Medida del anillo: 42
Largo: 5 1/2" (140 mm)
Observaciones: Este habano tiene un tabaco capero muy liso, oleaginoso y marrón claro. Arde muy uniformemente y produce una ceniza bella. De cuerpo medio, con mucho sabor a especias y nueces.
Precio en el R.U.: £6.04

Clasificación: 89
Marca: Punch
Descripción: Corona
Medida del anillo: 42
Largo: 5 1/2" (140 mm)
Observaciones: Suave y abundante con preciosos sabores a pimienta, especias y crema que persisten por largo tiempo en el regusto.
Precio en el R.U.: £6.04

Clasificación: 87
Marca: Ramón Allones
Descripción: Corona
Medida del anillo: 42
Largo: 5 1/2" (140 mm)
Observaciones: Un Corona rico y sutil con un intenso carácter de chocolate y nuez moscada y un acabado largo y añejado. Levemente difícil de chupar.
Precio en el R.U.: £6.04

Clasificación: 86
Marca: El Rey del Mundo
Descripción: Corona
Medida del anillo: 42
Largo: 5 1/2" (140 mm)
Observaciones: El elegante y oscuro tabaco capero de este habano arde bastante rápido pero llena la boca de maravillosos sabores a especias y pimienta.
Precio en el R.U.: £6.20

Clasificación: 86
Marca: Montecristo
Descripción: No. 3
Medida del anillo: 42
Largo: 5 1/2" (140 mm)
Observaciones: Un habano muy placentero con una compleja mezcla de sabores a nueces y cedro, pero las leves fallas del tabaco capero y consunción desigual disminuyen el placer.
Precio en el R.U.: £6.96

Clasificación: 86
Marca: Partagas
Descripción: Corona
Medida del anillo: 42
Largo: 5 1/2" (140 mm)
Observaciones: Este puro tarda cinco o diez minutos para ponerse en marcha, pero una vez que empieza brinda una fumada deliciosa llena de aromas y sabores a café y chocolate negro.
Precio en el R.U.: £6.36

Clasificación: 83
Marca: Hoyo de Monterrey
Descripción: Le Hoyo Du Roi
Medida del anillo: 42
Largo: 5 1/2" (140 mm)
Observaciones: Un buen puro, pero ligeramente decepcionante, duro de chupar y poco sabor.
Precio en el R.U.: £6.15

ROBUSTO

Clasificación: 95
Marca: Bolívar
Descripción: Royal Coronas
Medida del anillo: 50
Largo: 5" (127 mm)
Observaciones: Una fumada poderosa y sazonada, con el rico sabor térreo del cuero, las especias dulces como la canela y la nuez moscada, y una pizca de chocolate. Brinda un acabado duradero y suave con dejo a nueces.
Precio en el R.U.: £6.08

Clasificación: 94
Marca: Hoyo de Monterrey
Descripción: Epicure No. 2
Medida del anillo: 50
Largo: 5" (127 mm)
Observaciones: Ofrece un fumar generoso y de mucho cuerpo con sólidos sabores a especias, café dulce y cacao. Largo acabado sazonado.
Precio en el R.U.: £6.64

Clasificación: 93
Marca: Flor de Cano
Descripción: Churchill short
Medida del anillo: 50
Largo: 5" (127 mm)
Observaciones: Una fumada rica y completa con abundancia de sabores a especias y canela, y un sabor suave a cacao.
Precio en el R.U.: N/D

Clasificación: 92
Marca: Cohiba
Descripción: Robusto
Medida del anillo: 50
Largo: 5" (127 mm)
Observaciones: El tabaco capero de este habano tiene un brillo atractivo. Brinda una fumada rica que se suaviza rápidamente y se convierte en sabores de mucho cuerpo a nuez moscada y cacao, con un largo acabado sazonado.
Precio en el R.U.: £10.12

Clasificación: 90
Marca: Ramón Allones
Descripción: Especialmente selec-
cionado
Medida del anillo: 50
Largo: 5″ (127 mm)
Observaciones: Un habano rico de
mucho cuerpo con sabores a espe-
cias y café, y un lindo acabado con
dejo a nueces y maderas de cedro.
Precio en el R.U.: £5.96

Clasificación: 89
Marca: Romeo y Julieta
Descripción: Exhibición No. 4
Medida del anillo: 48
Largo: 5″ (127 mm)
Observaciones: Este habano tiene un
fuerte componente térreo con acen-
tos de cuero y pimienta, y un acaba-
do largo y sazonado.
Precio en el R.U.: N/D

Clasificación: 88
Marca: Partagas
Descripción: Serie D No. 4
Medida del anillo: 50
Largo: 5″ (127 mm)
Observaciones: Un sólido habano rico
con sabores añejados a especias y
café. Acabado bien balanceado.
Puede tardar en empezar.
Precio en el R.U.: £6.52

PANATELA

Clasificación: 91
Marca: Montecristo
Descripción: Especial No. 2
Medida del anillo: 38
Largo: 6" (152 mm)
Observaciones: Una fumada suave, de cuerpo medio, añejada y con sabor a nuez moscada. Al arder el puro se va desarrollando un carácter con dejos de cítricos secos y especias.
Precio en el R.U.: £7.35

Clasificación: 89
Marca: Cohiba
Descripción: Corona Especial
Medida del anillo: 38
Largo: 6" (152 mm)
Observaciones: Un habano firme, bien hecho, que produce sabores plenos de especias y nueces. Tiene un sólido carácter en el tabaco con un acabado térreo con sabor a chocolate.
Precio en el R.U.: £11.35

Clasificación: 88
Marca: Punch
Descripción: Ninfas
Medida del anillo: 38
Largo: 7" (178 mm)
Observaciones: Este habano tiene aromas tostados y sabores suaves de mucho cuerpo, con una pizca de maderas de cedro y especias.
Precio en el R.U.: £4.85

Clasificación: 86
Marca: Hoyo de Monterrey
Descripción: Le Hoyo Du Dauphin
Medida del anillo: 38
Largo: 6" (152 mm)
Observaciones: Un habano sazonado, algo picante, de cómoda elegancia y chupada firme.
Precio en el R.U.: £6.48

Clasificación: 86
Marca: Montecristo
Descripción: Especial
Medida del anillo: 38
Largo: 7 1/2" (191 mm)
Observaciones: Este es un habano de sabor suave con sólidos acentos de pimienta, especias y un agradable acabado de cedro.
Precio en el R.U.: £9.15

Clasificación: 85
Marca: Romeo y Julieta
Descripción: Shakespeare
Medida del anillo: 28
Largo: 6 1/2" (165 mm)
Observaciones: Este habano tiene acentos sólidos y sazonados, pero produce un fumar algo caliente debido al relleno más bien flojo.
Precio en el R.U.: £4.20

Clasificación: 84
Marca: Romeo y Julieta
Descripción: Belvedere
Medida del anillo: 39
Largo: 5 1/2" (140 mm)
Observaciones: Un agradable puro con sabor a maderas y acentos sazonados. De chupado duro.
Precio en el R.U.: £4.50

Clasificación: 83
Marca: Cohiba
Descripción: Lancero
Medida del anillo: 38
Largo: 7" (178 mm)
Observaciones: Este puro era demasiado apretado. Tiene sabores de tabaco muy sabrosos, pero su densidad le hace difícil de fumar.
Precio en el R.U.: £14.10

Clasificación: 83
Marca: El Rey del Mundo
Descripción: Elegante
Medida del anillo: 28
Largo: 6 3/4" (171 mm)
Observaciones: Tiene un atractivo tabaco capero marrón oleoso que contiene un núcleo sólido de sabores sazonados y a nueces, por otra parte, resulta un poco desabrido y unidimensional.
Precio en el R.U.: £4.05

FIGURADO

Clasificación: 96
Marca: Romeo y Julieta
Descripción: Fabuloso
Medida del anillo: 47
Largo: 9" (229 mm)
Observaciones: Magníficamente trabajado, arde a la perfección. Rico y rebosante de tabaco con carácter, el Fabuloso continúa siendo elegante y refinado.
Precio en el R.U.: £15

Clasificación: 95
Marca: Montecristo
Descripción: "A"
Medida del anillo: 47
Largo: 9 1/2" (241 mm)
Observaciones: Magníficamente trabajado, con un tabaco capero oscuro y liso. Arde perfectamente y brinda sabores, generosos pero añejados, a café y maderas de cedro.
Precio en el R.U.: £18.70

Clasificación: 94
Marca: Montecristo
Descripción: No. 2
Medida del anillo: 52
Largo: 6 1/8" (152 mm)
Observaciones: El punto de referencia de los torpedos. Está lleno de sabores ricos y complejos como la canela, con toques fuertes de chocolate y cuero de mucho cuerpo, y un acabado sazonado largo.
Precio en el R.U.: £9.80

Clasificación: 92
Marca: Diplomáticos
Descripción: No. 2
Medida del anillo: 52
Largo: 6 1/8" (155 mm)
Observaciones: Un habano bien balanceado con una fuerte característica térrea y un núcleo complejo de sabores sazonados que terminan en un acabado prolongado.
Precio en el R.U.: N/D

Clasificación: 92
Marca: Punch
Descripción: Diademas Extra
Medida del anillo: 47
Largo: 9" (229 mm)
Observaciones: El Diademas Extra tiene un bello tabaco capero oleoso y está hecho a la perfección. Arde maravillosamente bien y si bien exhibe un fuerte carácter sazonado, picante y con sabor a nueces, aún así brinda una experiencia refinada.
Precio en el R.U.: N/D

Clasificación: 90
Marca: Bolívar
Descripción: Belicoso Fino
Medida del anillo: 52
Largo: 5 1/2" (140 mm)
Observaciones: Un bello torpedo chico. Ofrece una fumada fuertemente sazonada, de mucho cuerpo, con una calidad dulce y térrea y un agradable acabado penetrante.
Precio en el R.U.: £8.25

Clasificación: 90
Marca: Romeo y Julieta
Descripción: Belicoso
Medida del anillo: 52
Largo: 5 1/2" (140 mm)
Observaciones: Se chupa bien y tiene mucho cuerpo, con un rico carácter sazonado, punzante y un largo acabado.
Precio en el R.U.: £7.32

Clasificación: 89
Marca: H. Upmann
Descripción: No. 2
Medida del anillo: 52
Largo: 6 1/8" (152 mm)
Observaciones: Una fumada de mucho cuerpo con sabores a cacao y nuez moscada y un fuerte núcleo con dejo a nueces. Acabado suave y sazonado. Un poco inmaduro.
Precio en el R.U.: £8.40

Clasificación: 88
Marca: El Rey del Mundo
Descripción: Grandes De España
Medida del anillo: 38
Largo: 7 1/2" (191 mm)
Observaciones: Extremadamente bien trabajado y fácil de chupar. De cuerpo mediano con ricos aromas y sabores a nuez y café y un regusto persistente.
Precio en el R.U.: N/D

Clasificación: 87
Marca: La Gloria Cubana
Descripción: Medaille d'Or No. 1
Medida del anillo: 36
Largo: 7 1/8" (180 mm)
Observaciones: Difícil de chupar, pero arde uniformemente y brinda suaves aromas y sabores a café y clavo de olor.
Precio en el R.U.: N/D

Clasificación: 87
Marca: Romeo y Julieta
Descripción: Celestial Fino
Medida del anillo: 46
Largo: 5" (127 mm)
Observaciones: De aspecto algo áspero en su tabaco capero rugoso, pero es un pirámide que se fuma bien, con un atractivo carácter de romero y especias y de suave textura.
Precio en el R.U.: £7.00

Clasificación: 86
Marca: Sancho Panza
Descripción: Belicoso
Medida del anillo: 52
Largo: 5 1/2" (140 mm)
Observaciones: Un puro bien hecho que tiene un aroma herbario y sabores a especias, pero termina un poco seco.
Precio en el R.U.: £8.25

Clasificación: 84
Marca: Partagas
Descripción: Presidente
Medida del anillo: 47
Largo: 6" (152 mm)
Observaciones: Este habano demuestra demasiada inmadurez y es algo inconstante en la calidad del chupar. Pero tiene un rico núcleo de sabores sazonados.
Precio en el R.U.: N/D

PETIT CORONA

Clasificación: 93
Marca: Cohiba
Descripción: Siglo I
Medida del anillo: 40
Largo: 4" (102 mm)
Observaciones: Mucho sabor en un habano pequeño. Bellamente ensamblado con un tabaco capero de intenso color chocolate, su textura suave brinda bocanadas suntuosas, con aromas y sabores a chocolate negro y especias.
Precio en el R.U.: £6.00

Clasificación: 89
Marca: Montecristo
Descripción: No. 4
Medida del anillo: 42
Largo: 5" (127 mm)
Observaciones: El atractivo de este habano radica en su aroma perfumado. Tiene sabores suaves y pronunciados a hierbas y especias, y mucho cuerpo.
Precio en el R.U.: £5.75

Clasificación: 89
Marca: Partagas
Descripción: Petit Corona
Medida del anillo: 42
Largo: 5" (127 mm)
Observaciones: Un bello tabaco capero oleoso brinda un fumar con excelentes sabores a cuero y especias dulces. Tiene un acabado liviano y suave.
Precio en el R.U.: £5.50

Clasificación: 89
Marca: Romeo y Julieta
Descripción: Petit Corona
Medida del anillo: 42
Largo: 5" (127 mm)
Observaciones: Un puro elegante con ricos sabores a especias. Bien hecho y de aspecto atractivo, tiene un acabado largo y de mucho cuerpo.
Precio en el R.U.: £5.20

Clasificación: 87
Marca: Bolívar
Descripción: Petit Corona
Medida del anillo: 42
Largo: 5" (127 mm)
Observaciones: Un habano bien hecho, con cuerpo mediano y buen chupado. Tiene algunos elementos fuertes de café y una pizca de especias, pero su acabado resulta desabrido.
Precio en el R.U.: £5.50

Clasificación: 86
Marca: Hoyo de Monterrey
Descripción: Le Hoyo du Prince
Medida del anillo: 40
Largo: 5" (127 mm)
Observaciones: Un puro decente con lindos aromas tostados. Los sabores tienden hacia maderas de cedro y especias dulces.
Precio en el R.U.: £5.55

Clasificación: 86
Marca: Punch
Descripción: Royal Selection No. 12
Medida del anillo: 42
Largo: 5 1/2" (140 mm)
Observaciones: Un puro con un sabor muy dulce que incluye caramelos quemados y caramelos de mantequilla. El acabado tiene un buen componente con dejo a maderas.
Precio en el R.U.: £5.20

Categoría: 85
Marca: Sancho Panza
Descripción: Non Plus
Medida del anillo: 42
Largo: 5" (127 mm)
Observaciones: Aunque este puro tiene algunos buenos sabores a café y crema, su fumada de cuerpo mediano carece de complejidad y profundidad.
Precio en el R.U.: N/D

Clasificación: 84
Marca: Quintero
Descripción: Medias Coronas
Medida del anillo: 40
Largo: 5" (127 mm)
Observaciones: El ensamblado de este puro demostró cierta imperfección, pero tiene buenos sabores de especias dulces y maderas de cedro seco.
Precio en el R.U.: N/D

Clasificación: 82
Marca: H. Upmann
Descripción: Petit Coronas
Medida del anillo: 42
Largo: 5" (127 mm)
Observaciones: Un puro muy apretado para chupar. Aunque tiene sabores cítricos muy atractivos, carece de complejidad.
Precio en el R.U.: £5.50

Clasificación: 81
Marca: Fonseca
Descripción: Cosacos
Medida del anillo: 42
Largo: 5 1/3" (135 mm)
Observaciones: Tiene un tabaco capero muy áspero y poco atractivo. Este puro tiene un relleno flojo, un sabor a pasto y es amargo.
Precio en el R.U.: N/D

Capítulo 7

PRESENTACIÓN DE HABANOS POR MARCA

HABANO	CATEGORÍA	TAMAÑO	CLASIFICACIÓN
BOLIVAR			
Belicoso Fino	Figurado	5 1/2" (140 mm) x 52	90
Corona	Corona	5 1/2" (140 mm) x 42	90
Corona Extra	Corona Gorda	5 3/4" (146 mm) x 46	83
Corona Gigantes	Churchill	7" (178 mm) x 47	90
Gold Medal	Lonsdale	6 1/2" (165 mm) x 42	90
Petit Corona	Petit Corona	5" (127 mm) x 42	87
Royal Coronas	Robusto	5" (127 mm) x 50	95
COHIBA			
Corona Especial	Panatela	6" (152 mm) x 38	89
Esplendidos	Churchill	7" (178 mm) x 47	89
Lancero	Panatela	7" (178 mm) x 38	83
Robusto	Robusto	5" (127 mm) x 50	92
Siglo I	Petit Corona	4" (102 mm) x 40	93
Siglo II	Corona	5" (127 mm) x 42	90
Siglo III	Lonsdale	6" (152 mm) x 42	95
Siglo IV	Corona Gorda	6" (152 mm) x 46	89
Siglo V	Lonsdale	6 3/4" (171 mm) x 43	96

HABANO	CATEGORÍA	TAMAÑO	CLASIFICACIÓN
DIPLOMATICOS			
No. 2	Figurado	6 1/8″ (155 mm) x 52	92
EL REY DEL MUNDO			
Corona	Corona	5 1/2″ (140 mm) x 42	86
Elegante	Panatela	6 3/4″ (171 mm) x 28	83
Grandes de España	Figurado	7 1/2″ (191 mm) x 38	88
Lonsdale Maduro	Lonsdale	6 1/2″ (165 mm) x 42	91
Tainos	Churchill	7″ (178 mm) x 47	87
FLOR DE CANO			
Diademas	Churchill	7″ (178 mm) x 47	89
Short Churchill	Robusto	5″ (127 mm) x 50	93
FONSECA			
Cosacos	Petit Corona	5 1/3″ (135 mm) x 42	81
H. UPMANN			
Corona	Corona	5 1/2″ (140 mm) x 42	91
Lonsdale	Lonsdale	6 1/2″ (165 mm) x 42	90
Magnum	Corona Gorda	5 1/2″ (140 mm) x 46	88
No. 2	Figurado	6 1/8″ (152 mm) x 52	89
Petit Coronas	Petit Corona	5″ (127 mm) x 42	82

HABANO	CATEGORÍA	TAMAÑO	CLASIFICACIÓN
HOYO DE MONTERREY			
Churchill	Churchill	7" (178 mm) x 47	88
Corona	Corona	5 1/2" (140 mm) x 42	89
Doble Corona	Double Corona	7 5/8" (193 mm) x 49	96
Epicure No. 1	Corona Gorda	5 3/4" (146 mm) x 46	92
Epicure No. 2	Robusto	5" (127 mm) x 50	94
Le Hoyo des Dieux	Lonsdale	6" (152 mm) x 42	89
Le Hoyo du Dauphin	Panatela	6" (152 mm) x 38	86
Le Hoyo du Prince	Petit Corona	5" (127 mm) x 40	86
Le Hoyo du Roi	Corona	5 1/2" (140 mm) x 42	83
LA GLORIA CUBANA			
Medaille d'Or No. 1	Figurado	7 1/8" (180 mm) x 36	87
Medaille d'Or No. 2	Lonsdale	6 5/8" (168 mm) x 43	85
MONTECRISTO			
"A"	Figurado	9 1/2" (241 mm) x 47	95
Especial	Panatela	7 1/2" (191 mm) x 38	86
Especial No. 2	Panatela	6" (152 mm) x 38	91
No. 1	Lonsdale	6 1/2" (165 mm) x 42	90
No. 2	Figurado	6 1/8" (152 mm) x 52	94

HABANO	CATEGORÍA	TAMAÑO	CLASIFICACIÓN
No. 3	Corona	5 1/2" (140 mm) x 42	86
No. 4	Petit Corona	5" (127 mm) x 42	89
PARTAGAS			
Corona	Corona	5 1/2" (140 mm) x 42	86
Lusitania	Doble Corona	7 5/8" (193 mm) x 49	92
No. 1	Lonsdale	6 1/2" (165 mm) x 42	92
Petit Corona	Petit Corona	5" (127 mm) x 42	89
Presidente	Figurado	6 1/8" (152 mm) x 47	84
Serie D No. 4	Robusto	5" (127 mm) x 50	88
PUNCH			
Churchill	Churchill	7" (178 mm) x 47	91
Corona	Corona	5 1/2" (140 mm) x 42	89
Diademas Extra	Figurado	9" (229 mm) x 47	92
Doble Corona	Doble Corona	7 5/8" (193 mm) x 49	91
Ninfas	Panatela	7" (178 mm) x 38	88
Punch	Corona Gorda	5 1/2" (140 mm) x 46	89
Royal Selection No. 12	Petit Corona	5 1/2" (140 mm) x 42	86
QUAI D'ORSAY			
Imperiales	Churchill	7" (178 mm) x 47	90

Habano	Categoría	Tamaño	Clasificación
Quintero			
Churchill	Lonsdale	6 1/2″ (165 mm) x 42	92
Medias Coronas	Petit Corona	5″ (127 mm) x 40	84
Rafael Gonzales			
Lonsdale	Lonsdale	6 1/2″ (165 mm) x 42	91
Ramon Allones			
Corona	Corona	5 1/2″ (140 mm) x 42	87
Gigantes	Doble Corona	7 5/8″ (193 mm) x 49	94
Specially Selected	Robusto	5″ (127 mm) x 50	90
Romeo y Julieta			
Belicoso	Figurado	5 1/2″ (140 mm) x 52	90
Belvedere	Panatela	5 1/2″ (140 mm) x 39	84
Celestial Fino	Figurado	5″ (127 mm) x 46	87
Churchill	Churchill	7″ (178 mm) x 47	92
Corona	Corona	5 1/2″ (140 mm) x 42	90
Exhibicion No. 3	Corona Gorda	5 1/2″ (140 mm) x 46	91
Exhibicion No. 4	Robusto	5″ (127 mm) x 48	89
Fabuloso	Figurado	9″ (229 mm) x 47	96
Petit Corona	Petit Corona	5″ (127 mm) x 42	89
Shakespeare	Panatela	6 1/2″ (165 mm) x 28	85

Habano	Categoría	Tamaño	Clasificación
Saint Luis Rey			
Churchill	Churchill	7" (178 mm) x 47	93
Lonsdale	Lonsdale	6 1/2" (165 mm) x 42	85
Sancho Panza			
Belicoso	Figurado	5 1/2" (140 mm) x 52	86
Molinas	Lonsdale	6 1/2" (165 mm) x 42	87
Non Plus	Petit Corona	5" (127 mm) x 42	85

NOTA FINAL:

HABANOS AÑEJOS

Para un informe especial en su número del Invierno de 1993/94, *Cigar Aficionado* probó 14 Habanos añejos, la mayoría de ellos de fines de la década de 1950. No se encontró ni uno solo con deficiencias en este grupo.

Un Habano de más de 10 años de existencia podría resultar algo duro y seco en comparación con uno nuevo; por tanto, en el caso de los puros añejos, el modo de almacenamiento adquiere gran importancia. Pero una vez que se los enciende y se acumula una ceniza de una o dos pulgadas, se suavizan, dando un sabor limpio y fresco.

Todos los Habanos añejos probados ofrecieron una fineza y una sutil profundidad de carácter que rara vez se encuentran en los puros actualmente en venta en el mercado. A continuación presentamos los resultados de la clasificación:

CLASIFI-CACIÓN	MARCA	TAMAÑO
98	Montecristo No. 1 Seleccion Suprema	6 1/2" (165 mm) x 42
97	Romeo y Julieta Seleccion Suprema Cedro	6 1/2" (165 mm) x 42
97	Cabanas No. 751 Alfred Dunhill	6 1/2" (165 mm) x 42
95	H. Upmann No. 4 Alfred Dunhill	6 1/2" (165 mm) x 46
95	H. Upmann No. 22 Seleccion Suprema	4 1/2" (114 mm) x 55
93	Partagas No. 6 Seleccion Superba	4 1/2" (114 mm) x 40
93	La Corona Churchill	6 1/2" (165 mm) x 46

CLASIFI-CACIÓN	MARCA	TAMAÑO
92	Montecristo No. 4 Seleccion Suprema	5" (127 mm) x 42
92	Flor de Farach Palmeras	5" (127 mm) x 38
92	Belinda Belindas	5 1/2" (140 mm) x 42
89	Romeo y Julieta Sun-Grown Brevas	5 1/2" (140 mm) x 44
89	Ramon Allones Ideales	6 1/2" (165 mm) x 40
87	Ramon Allones No. 66 (perfecto)	6" (152 mm) x na
86	Henry Clay Coronas	5 1/2" (140 mm) x 42